essentials

essentials liefern aktuelles Wissen in konzentrierter Form. Die Essenz dessen, worauf es als „State-of-the-Art" in der gegenwärtigen Fachdiskussion oder in der Praxis ankommt. *essentials* informieren schnell, unkompliziert und verständlich

- als Einführung in ein aktuelles Thema aus Ihrem Fachgebiet
- als Einstieg in ein für Sie noch unbekanntes Themenfeld
- als Einblick, um zum Thema mitreden zu können

Die Bücher in elektronischer und gedruckter Form bringen das Expertenwissen von Springer-Fachautoren kompakt zur Darstellung. Sie sind besonders für die Nutzung als eBook auf Tablet-PCs, eBook-Readern und Smartphones geeignet. *essentials:* Wissensbausteine aus den Wirtschafts-, Sozial- und Geisteswissenschaften, aus Technik und Naturwissenschaften sowie aus Medizin, Psychologie und Gesundheitsberufen. Von renommierten Autoren aller Springer-Verlagsmarken.

Weitere Bände in dieser Reihe http://www.springer.com/series/13088

Ernst Piller

Beschaffung unter Berücksichtigung der IT-Sicherheit

Wichtigkeit, Herausforderungen und Maßnahmen

 Springer Vieweg

Ernst Piller
St. Pölten, Österreich

ISSN 2197-6708   ISSN 2197-6716   (electronic)
essentials
ISBN 978-3-658-18598-5   ISBN 978-3-658-18599-2   (eBook)
DOI 10.1007/978-3-658-18599-2

Die Deutsche Nationalbibliothek verzeichnet diese Publikation in der Deutschen Nationalbibliografie; detaillierte bibliografische Daten sind im Internet über http://dnb.d-nb.de abrufbar.

Springer Vieweg
© Springer Fachmedien Wiesbaden GmbH 2017

Gedruckt auf säurefreiem und chlorfrei gebleichtem Papier

Springer Vieweg ist Teil von Springer Nature
Die eingetragene Gesellschaft ist Springer Fachmedien Wiesbaden GmbH
Die Anschrift der Gesellschaft ist: Abraham-Lincoln-Str. 46, 65189 Wiesbaden, Germany

Was Sie in diesem *essential* finden können

- Die Bedeutung der Beschaffung von Hard- und Software für die IT-Sicherheit der eigenen Infrastruktur bzw. bei Produktionsunternehmen der produzierten Produkte
- Wichtige Informationen für den Beschaffer/Einkäufer, um IT-Sicherheit bestmöglich in den Beschaffungsprozess zu integrieren
- Behandlung von Herausforderungen und Maßnahmen zur Beschaffung von IT-sicherer Hard- und Software
- Hinweise zu Vertrauen in Hersteller und Anbieter und zu beschaffungsrelevanten Informationssystemen für IT-Sicherheit
- Einen Zugang zu einer umfangreichen, herstellerunabhängigen und kostenlosen Beschaffungsplattform zur Unterstützung des Beschaffungsprozesses für den IT-sicheren Einkauf von Software und Hardware

Vorwort

Neben Preis, Funktionalität, Design etc. zählt durch die zunehmende Digitalisierung und Vernetzung immer mehr auch das Thema IT-Sicherheit.

Die höchste aktuelle Gefährdung für die Wirtschaft stellen Angriffe auf die IT und Telekommunikation dar. Ohne funktionierende IT stehen das öffentliche Leben und die Unternehmen still. Viele Unternehmen sind in ihrer Existenz gefährdet. Doch die heutige IT ist leicht verwundbar und die Angriffe auf die IT nehmen stetig zu. Da IT bzw. IKT (Informations- und Kommunikationstechnologien) heute in den meisten Unternehmen eng mit dem Geschäftserfolg verbunden ist, ist damit auch die IT-Sicherheit ein wichtiger geschäftsrelevanter Aspekt geworden. IT-Sicherheit kommt aber im Beschaffungsprozess oftmals nur sehr eingeschränkt vor und fehlt weitestgehend in der Beschaffungsliteratur.

IT-Sicherheit beginnt schon beim Einkauf. Etwas Unsicheres zu kaufen kann später sehr teuer werden. Diese Botschaft ist vielen Beschaffern noch nicht wichtig, vor allem in KMUs.

Der Autor geht im Buch von jeglichen kaufbaren Produkten aus, die Software in irgendeiner Form enthalten, weil sie heute fast alle für Organisationen (Behörden, Unternehmen, Verbände, Vereine etc.) direkt oder indirekt eine Gefahr darstellen können – d. h. auch Produkte im Privatbereich wie Überwachungskameras, Haushaltsgeräte etc. Dies gilt vor allem durch die Öffnung fast aller dieser Produkte in den Cyberraum. Daher ist das Buch für alle Menschen gedacht, die Software oder Hardware (mit Software) einkaufen. Der Schwerpunkt liegt bei Personen, die in einem Unternehmen Beschaffungsprozesse durchführen, sowohl für die eigene Infrastruktur, als auch für den Handel und die Produktion. Des Weiteren ist das Buch interessant für Lehrende und Studierende der IT, IT-Sicherheit und Wirtschaftswissenschaften.

Ich wünsche allen Leserinnen und Lesern, dass Sie die vielfältigen IT-Sicherheitsherausforderungen von Software und Hardware, die schon bei der Beschaffung relevant und behandelbar sind, optimal bearbeiten können.

Wien, Österreich   Ernst Piller
im Mai 2017

Inhaltsverzeichnis

Über den Autor

Ernst Piller ist Professor für IT-Security und Leiter des Instituts für IT Sicherheitsforschung an der Fachhochschule St. Pölten, Universitätsdozent an der Technischen Universität Wien und Gerichtssachverständiger für IT-Security. Er ist wissenschaftlicher Leiter und Projektleiter mehrerer großer Forschungsprojekte, und führte ein mehrjähriges Projekt über die Beschaffung von IT-sicherer Hardware und Software.

Herr Piller studierte „Informations- und Datenverarbeitung" an der TU Graz und promovierte in Informatik und habilitierte sich in IT-Security an der TU Wien. Er verfügt über 24 Jahre Erfahrung in der Privatwirtschaft, die er bei einem IT-Hersteller (Schwerpunkt IT-Sicherheit), in der Beratungsbranche (Berater für IT-Sicherheit, elektronischen Zahlungsverkehr, Chipkarten) und in Industrieunternehmen (IT-Sicherheitsberater, F&E-Leiter und Vorstand eines Großunternehmens) verbrachte. Davor und danach war/ist er in der Forschung und Hochschullehre tätig.

Herr Piller veröffentlichte rund 60 wissenschaftliche Publikationen, zwei Bücher und drei Patente. Seine Arbeiten hat er weltweit in über 100 Vorträgen bei diversen Konferenzen vorgestellt.

Einleitung 1

Wer Produkte, die Software in irgendeiner Form enthalten, kauft, kauft das Problem mitunter schon mit: Unsichere Komponenten in Produkten können sich später für Organisationen (Behörden, Unternehmen, Verbände etc.) als Problem herausstellen. Während auf Standardcomputern meist Sicherheitsprogramme installiert werden und sich IT-Abteilungen mit Firewalls und anderen Maßnahmen um die IT-Sicherheit kümmern, werden Gefahren durch Software (Standardsoftware, Individualsoftware) und Hardware wie Kommunikationseinrichtungen, Drucker, Maschinen, Geräte, Steuerungen, Anlagen, Fahrzeuge etc. beim Einkauf meist nur wenig berücksichtigt.

Das Buch zeigt, wie wichtig IT-Sicherheit bereits beim Einkauf von jeglichen Produkten, die Software enthalten, ist und beschreibt Lösungen, sowohl für die organisationsweite IT-Sicherheit als auch für die Komponentenbeschaffung in der Produktion und im Handel. Es behandelt Herausforderungen und Maßnahmen zur Beschaffung unter Berücksichtigung der IT-Sicherheit, das Thema Vertrauen in Hersteller, Sicherheitsvorfälle, Beschaffungsvorgaben, Zertifizierungen, Gütezeichen, relevante Informationssysteme, Checklisten, Ausschreibungen und einen Zugang zu einer umfangreichen Beschaffungsplattform für den IT-sicheren Einkauf (www.it-sicher.kaufen), die kostenlos und herstellerunabhängig für Beschaffer passend zu individuellen Ansprüchen die erforderlichen Informationen liefert.

IT-Sicherheit betrifft keineswegs nur Produkte wie Computer und Software. Auch bei Gegenständen, wo es auf den ersten Blick nicht immer so ersichtlich ist, spielt sie durch die eingebauten Software-Komponenten eine wichtige Rolle, zum Beispiel bei Maschinen, Geräten, Steuerungen, Anlagen, aber auch bei einfachen Überwachungskameras, Haushaltsgeräten oder Fahrzeugen. Zudem sind im Zeitalter des „Internets der Dinge" (Internet of Things, IoT) immer mehr Geräte, die im Alltag und in Organisationen benutzt werden, mit dem Internet verbunden.

© Springer Fachmedien Wiesbaden GmbH 2017   1
E. Piller, *Beschaffung unter Berücksichtigung der IT-Sicherheit,*
essentials, DOI 10.1007/978-3-658-18599-2_1

Preis, Funktionalität und Design spielen beim Einkauf von Produkten meist die größte Rolle. Trotz der regelmäßigen Horrormeldungen in den Medien über erfolgreiche IT-Angriffe wird heute beim Einkauf IT-Sicherheit nur dort in größerem Umfang beachtet, wo sie gesetzlich vorgeschrieben ist (z. B. im Gesundheitswesen, Verkehr) oder das finanzielle Risiko sehr hoch ist (z. B. im Bankenbereich).

Bisher gibt es nur wenige Artikel und kein umfassendes Buch über die Beschaffung unter Berücksichtigung der IT-Sicherheit. Dieses Buch in Verbindung mit der o. g. Beschaffungsplattform (siehe [2] und Kap. 5) liefern einen wesentlich Beitrag zur Verbesserung der Situation. Ein unsicheres Produkt wird im Betrieb nicht sicherer, dennoch ist der Einkauf nicht alles: Auf den Schutz der IT-Sicherheit, etwa durch umfangreiche organisatorische und technische Maßnahmen, Sicherheitsaudits, IT-Sicherheitsregeln (Policies), Firewalls, Virenscanner und andere technische Maßnahmen, darf im Betrieb dennoch nicht verzichtet werden.

Das *essential* geht nur kurz auf die reine Beschaffung von Hardware und Software ein. Über diese Themenkomplexe existiert am Markt schon ausreichend Literatur [3, 4, 34, 35]. Das vorliegende Buch behandelt die Berücksichtigung von IT-Sicherheit bei der Beschaffung von Hard- und Software, d. h. die IT-Sicherheit der zu beschaffenden Produkte und nicht die IT-Sicherheit des Beschaffungsprozesses.

Das *essential* berücksichtigt die Beschaffung sowohl für die eigene Infrastruktur der Organisation als auch für Komponenten der Produktion in Produktionsunternehmen und für Handelsunternehmen. Dabei wird unterschieden zwischen

- Standardsoftware
- Individualsoftware (in Auftrag gegebene Software)
- Hardware mit integrierter Software (Firmware, embedded Software)
- Open Source Produkte

Mit dem Begriff „Hardware" ist im *essential* immer jegliche Hardware gemeint, in der eine Software (embedded Software) integriert ist. Das heißt zur „Hardware" werden neben den IKT-Produkten auch alle Geräte, Maschinen, Steuerungen, Fahrzeuge etc. aus allen Branchen gezählt, die eine Software enthalten.

Im *essential* wird nicht zwischen den Begriffen „Beschaffer" und „Einkäufer" unterschieden. Mit dem Begriff „Beschaffer" ist immer auch der „Kunde" und Auftraggeber gemeint und sind auch alle im Umfeld des „Beschaffers" tätigen Experten (IT-Sicherheitsexperten, Juristen etc.) subsumiert. Umgekehrt ist der Begriff „Kunde" umfangreicher zu betrachten als „Beschaffer". Mit „Hersteller" ist das Unternehmen gemeint, welches das Produkt entwirft, entwickelt und produziert, das heißt der „Produzent" des Produktes. Die „Lieferanten" des Herstellers werden „Sublieferanten" oder „Zulieferer" genannt. Der „Anbieter" ist das Unternehmen, das das Produkt an den „Kunden" („Beschaffer") verkauft, liefert, in Betrieb nimmt und später auch beim „Kunden" die Wartung und sonstigen Services durchführt. D. h. der „Anbieter" ist auch der Verkäufer, Händler und Lieferant des Kunden. Die Aufgaben von Zwischenhändlern werden im Begriff „Anbieter" subsumiert.

Allgemeines 2

2.1 Allgemeine Herausforderungen in Bezug auf die IT-Sicherheit

Das Thema IT-Sicherheit ist in der Mitte der Gesellschaft angekommen. Kaum eine Woche vergeht, in der die Medien nicht über einen spektakulären Cyberangriff oder andere Attacken auf die IT berichten und über die Notwendigkeit betrieblicher und individueller Abwehrmaßnahmen zum Schutz der privaten und öffentlichen Infrastruktur informieren. Dies erfolgt vor dem realen Hintergrund, dass die tiefe strukturelle Abhängigkeit der Gesellschaft von IT und vom Internet eine sensible Angriffsfläche für kriminelle Aktivitäten bildet. Im Zuge der flächendeckenden digitalen Vernetzung sind von Cyberattacken in wachsendem Ausmaß neben den kritischen Infrastrukturen und öffentlichen Einrichtungen vor allem konventionelle Infrastrukturen in Unternehmen und privaten Haushalten betroffen, deren Ausfall eine immense Einschränkung des öffentlichen und privaten Lebens und einen erheblichen finanziellen Schaden und/oder Vertrauensverlust für die Unternehmen und Privatpersonen darstellen kann. Erfolgte Schadensfälle und Reparaturmaßnahmen sind oft mit hohen Aufwänden verbunden, die in Form direkter und indirekter Kosten für Unternehmen, öffentliche Organisationen und Privatpersonen anfallen, wenngleich diese oft schwer zu quantifizieren sind. Entsprechend ist in vernetzten Gesellschaften ein deutlich größeres und differenziertes Augenmerk auf Maßnahmen zu legen, die Cyberbedrohungen präventiv abwehren. Dies beginnt insbesondere bei der Beschaffung von Hard- und Software.

Daher sind bei der Beschaffung von Hard- und Software die Vertrauenswürdigkeit des Herstellers und die IT-Sicherheit des Produkts von sehr großer Bedeutung. Einerseits sollen Hersteller bzw. Anbieter (Händler, Lieferanten)

© Springer Fachmedien Wiesbaden GmbH 2017
E. Piller, *Beschaffung unter Berücksichtigung der IT-Sicherheit,*
essentials, DOI 10.1007/978-3-658-18599-2_2

ihren Kunden garantieren können, dass die angebotene Hardware und/oder Software ordnungsgemäß funktioniert, die relevanten und wichtigen IT-Sicherheitsanforderungen erfüllt und keine bewussten Fehler oder Schwachstellen besitzt. Andererseits müssen verantwortungsvolle Kunden versuchen, im Rahmen einer „IT-sicheren Beschaffung" darauf zu achten, dass die erworbenen Produkte IT-sicher und vertrauenswürdig sind und nur die gewünschten Funktionalitäten enthalten. Nur dann kann man diese Produkte ohne Vorbehalt einsetzen, vor allem für sicherheitskritische Aufgaben, und eventuell vorhandene rechtliche, Compliance oder sonstige Vorgaben erfüllen.

IT-Sicherheit wird zunehmend ein wichtiges Thema in der Politik, vor allem durch die Zunahme der gezielten Angriffe (Spionage, Sabotage) auf staatliche Einrichtungen und kritische Infrastrukturen, die vermehrt von Staaten selbst mit hohen Budgets durchgeführt werden (siehe Abschn. 4.5). Die heute vorhandene strenge und zum Teil überbordende Gesetzgebung in der „Analogwelt", wie im Gesundheitswesen, Industrieumfeld, Autoverkehr, beim Brandschutz etc. ist in der „Digitalwelt" noch überhaupt nicht angekommen. Aber ohne Gesetze und Vorschriften wird von den Herstellern und Anwendern kein adäquates IT-Sicherheitsniveau garantiert werden können, was nicht bedeutet, dass man dazu die Vielzahl der „Analogwelt" benötigt. Und ohne ausreichende IT Sicherheit kann keine nachhaltige Digitalisierung gelingen. Nicht einmal die einfachsten Schutzmaßnahmen wie Virenscanner, Firewalls etc. und IT-Sicherheitsanforderungen wie sichere Passwörter, Zugriffskontrolle, Vertraulichkeit etc. sind heute, von einzelnen Ausnahmen abgesehen, direkt vorgeschrieben. Das deutsche Manifest zur IT-Sicherheit [72] mit sechs wichtigen Thesen stellt fest, dass IT-Security-by-Design und Privacy-by-Design unabdingbar sind. Das Manifest ruft auf, dass die Gesellschaft intolerant gegenüber unsicheren IT-Lösungen sein muss und dass wir vom angebotsgetriebenen zum anforderungsgetriebenen IT-Sicherheitsmarkt kommen müssen. Dazu sollen die Anwender gemeinsam ihre Beschaffungsmacht fair nutzen, d. h. über die Beschaffung die IT-Sicherheit deutlich verbessern. Das Manifest erteilt auch einer staatlich motivierten Schwächung von Kryptografie und den Wünschen nach Hintertüren eine Absage und fordert, dass die EU kurz- bis mittelfristige Maßnahmen ergreifen muss, um die Souveränität im Bereich IT-Sicherheit aufzubauen und zu sichern.

Es stellt sich die Frage, ob die IT-sichere Beschaffung auch zur Durchsetzung politischer Ziele dienen soll, wie z. B. im Bereich Umwelt. In Deutschland sieht der § 97 IV GWB vor, dass Beschaffer für die Auftragsausführung zusätzliche Anforderungen an Auftragnehmer stellen können, die insbesondere soziale, umweltbezogene oder innovative Aspekte betreffen. Dabei fehlt noch der sehr wichtige IT-Sicherheitsaspekt, sofern man ihn nicht bereits unter innovative

Aspekte führt. Aus den Formulierungen der umweltbezogenen Aspekte kann man eine Erweiterung auf IT-Sicherheitsaspekte ableiten. Z. B. werden unter dem Begriff „Green-IT" alle Maßnahmen verstanden, die dazu führen, ein IKT-Produkt über seinen gesamten Lebenszyklus hinweg so ressourcenschonend und umweltfreundlich wie möglich zu gestalten und zu nutzen. Daher soll der Begriff „Secure IT" ein wichtiger Begriff jedes Beschaffungsvorganges werden und Gütezeichen wie z. B. IT Security Made in Germany, Made in Austria, Made in Switzerland an Bedeutung gewinnen, wie sie heute schon in der Lebensmittelindustrie üblich sind. In diese Richtung geht auch eine Forderung des SPD-nahen Vereins D64 nach einem europäischen Gütesiegel für abhörfreie Technik und einem Einfuhrverbot von Hardware aus den USA und anderen Ländern, die nicht europäische IT-Sicherheitsstandards erfüllt – dazu müssen aber vorher diese IT-Sicherheitsstandards gesetzlich vorgeschrieben werden. Mit dieser Forderung bzw. einem Gütesiegel können Produkte aus dem eigenen Land oder aus Mitteleuropa deutlich aufgewertet werden. Dies ist gerade in der IT-Sicherheit möglich, wo Vertrauen eine große Rolle spielt und dieses Vertrauen derzeit zum Teil gestört ist, weil einzelne Staaten und Hersteller nachweislich IT-Sicherheitsschwachstellen in Produkte einbauen oder einbauen lassen.

Es ist wohl nicht übertrieben zu behaupten, dass alle Nutzer von IKT zu einem gewissen Grad von ihren Anbietern bzw. Herstellern abhängen. Die meisten IKT-Produkte spielen eine kritische Rolle in den Geschäfts- und Verwaltungsprozessen ihrer Nutzer. Es besteht daher ein großer Bedarf für Beschaffer IT-Sicherheitsrisiken sorgfältig zu managen und die richtigen IT-Sicherheitsmaßnahmen festzulegen, um eine gleichbleibende Widerstandsfähigkeit in ihrer eigenen Infrastruktur bzw. bei Produktionsunternehmen bei ihren produzierten Produkten sicherzustellen. Dies bedeutet, dass alle Beteiligten in einem Beschaffungsprozess zusammenarbeiten sollen, und dazu gehören neben den Beschaffern auch IT-Sicherheitsexperten, zumindest IT-Experten. Da dies nicht immer möglich ist bzw. diese Experten nicht zu Verfügung stehen, kann eine professionelle Beschaffungsplattform wichtige Dienste leisten.

Die Lieferketten von Hard- und Software werden immer globaler und komplexer und bringen große Herausforderungen und Abhängigkeiten für Hersteller, Anbieter und Endkunden mit sich. Mehrere Komponenten, die in verschiedenen Ländern entworfen, entwickelt und hergestellt werden, werden kombiniert, um daraus eine einzige Hardware oder Software zu produzieren, die später von einem Beschaffer über einen einzigen Anbieter erworben werden. Jeder Akteur der globalen Produktlieferkette hat die Verantwortung, die erforderliche IT-Sicherheit und die Widerstandsfähigkeit des Produkts vor Angriffen von außen zu gewährleisten. Durch die Komplexität des Produkts und der Lieferkette ist eine effektive

Gewährleistung und Überprüfung einer definierten IT-Sicherheit in vielen Fällen aber gar nicht möglich. Dadurch entsteht das Risiko, dass Beschaffer oftmals das IT-Sicherheitsniveau und die IT-Sicherheitsschwachstellen der Produkte nicht kennen und keine oder nur eine beschränkte Rückverfolgbarkeit und Kontrolle über die eigenen Produkte haben. Sie kaufen möglicherweise Produkte mit integrierter Sabotage- oder Spionage-Funktion, bewussten Schwachstellen, nicht ausreichendem Zugriffs- und Datenschutz, mangelhafter Protokollierung etc.

Hersteller, die Hard- und Software nach international üblichen IT-Sicherheitsanforderungen und Standards entwickeln und ein hohes IT-Sicherheitsniveau garantieren, können dies oftmals als Alleinstellungsmerkmal gegenüber Kunden anführen und daraus einen Wettbewerbsvorteil generieren. Doch viele IT-Sicherheitsmaßnahmen sind aus wirtschaftlicher bzw. unternehmerischer Perspektive ein Kostenfaktor. Dies führt oftmals dazu, IT-Sicherheitsmaßnahmen nur minimalistisch einzuführen bzw. in Extremfällen ganz darauf zu verzichten. Das kann natürlich bei Anbietern für die Gesellschaft kritischer Leistungen so nicht akzeptiert werden und es muss darauf gedrängt werden, dass IT-Sicherheit bedacht wird und in ausreichende IT-Sicherheit investiert wird. Dies zeigt sich gerade in der Diskussion, ob erforderliche IT-Sicherheitsmaßnahmen gesetzlich bzw. regulatorisch eingefordert werden können (siehe oben) oder ob diese nur auf Basis einer freiwilligen Selbstverpflichtung, z. B. in Form sogenannter „Managed Security Services", erbracht werden sollen [66].

In Summe bleibt festzuhalten, dass heute die Beschaffung von Hard- und Software mit folgenden Herausforderungen in Bezug auf die IT-Sicherheit konfrontiert ist:

- Steigende technische Komplexität der zu sichernden Infrastruktur, Software und Hardware (mit integrierter Software).
- Sinkende Möglichkeiten der lückenlosen Überprüfbarkeit der IT-Sicherheit bestehender Infrastrukturen und den darauf basierenden Komponenten.
- Widersprüchliche wirtschaftliche Logiken und Funktionsprinzipien zwischen Anbietern und Beschaffern.
- Bewusste Integration von IT-Sicherheitsschwachstellen von Herstellern während des Produktdesigns bzw. der Produktentwicklung, die zum Teil von Staaten gefördert bzw. gefordert wird.
- Zum Teil fehlendes Know-how sowie methodische Frameworks zur Lösung der oben beschriebenen Herausforderungen.

2.2   IT-sicherheitsspezifische Herausforderungen bei der Beschaffung

Ein Bericht der ENISA (European Union Agency for Network and Information Security) [60] identifiziert sechs IT-sicherheitsspezifische Herausforderungen bei der Beschaffung von Hard- und Software. Dazu gehören:

Fehlende Angemessenheit und Wirksamkeit der IT-Sicherheitsziele und Kontrollen aufseiten des Anbieters bzw. Herstellers

- Die IT-Sicherheitsziele der Anbieter bzw. Hersteller sind nicht mit den IT-Sicherheitsanforderungen der Beschaffer in Einklang zu bringen, um bekannte IT-Sicherheitsrisiken zu verhindern und das gewünschte IT-Sicherheitsniveau der Kunden (Beschaffer) zu erreichen.
- Anbieter wollen Beschaffern oftmals keine Zusicherung gewähren, dass relevante Kontrollen vorhanden sind und ordnungsgemäß funktionieren, um die von Beschaffern festgelegten IT-Sicherheitsmindestanforderungen zu erfüllen.

Management potenzieller Anfälligkeiten durch (unbekannte) Schwachstellen

- Fehlen aktueller und zeitkritischer Information zu Schwachstellen, die sich auf das Produkt, die Dienstleistung bzw. auf Prozesse auswirken, insbesondere, dass Anbieter so schnell wie möglich informieren, wenn ein anderer Anbieter oder Kunde Probleme mit denselben Produkten hat.
- Haftung seitens des Anbieters oder seiner Lieferanten (Zulieferer), insbesondere des Herstellers, für IT-Sicherheitsschwachstellen sowie für geringe Qualität, fehlende Kontrollen oder fehlerhafte Software.

Die Nichteinhaltung der im Vertrag auf der Seite des Anbieters festgelegten IT-Sicherheitsanforderungen

- Dem Beschaffer ist es nicht immer möglich die Einhaltung der vereinbarten Vertragsbedingungen zu kontrollieren.

Angemessene Unterstützung durch den Anbieter im Falle einer Panne

- Potenzieller Mangel an Unterstützung von Anbietern bei Zwischenfällen.
- Angemessene Reaktionszeiten und Bereitstellung qualifizierter Fachleute zur Beseitigung von Zwischenfällen seitens des Anbieters.

Schwache Verhandlungsstärke des Beschaffers zur Erzwingung bestimmter IT-Sicherheitsanforderungen

- Inhärenter Mangel an Verhandlungsmacht seitens der Beschaffer, da die Alternativen auf dem Markt oftmals begrenzt sind.
- Problem der Erhöhung der Kosten seitens der Anbieter bzw. Verzögerungen im Time-to-Market, wenn zusätzliche IT-Sicherheitsmaßnahmen seitens des Beschaffers gefordert werden.

Fehlende Rahmenbedingungen oder Richtlinien, um Anbieter durch einen Beschaffungsprozess zu führen

- Trotz existierender Standards fehlen ein integrierter und einheitlicher Ansatz und korrespondierende Richtlinien, die insbesondere Beschaffer bei der gezielten Behandlung von IT-Sicherheitsrisiken im Beschaffungsprozess unterstützen.

Allgemeines zum Beschaffungsprozess 3

Grundsätzlich muss unterschieden werden zwischen einer Beschaffung im Zuge einer Ausschreibung und einer Direktbeschaffung. Obwohl die beiden Beschaffungsvorgänge recht unterschiedlich sind, in Bezug auf die IT-Sicherheit sind sie aber sehr ähnlich. Das zentrale Thema in beiden Fällen sind die IT-Sicherheitsanforderungskataloge, die im Falle einer Ausschreibung in Form von geeigneten Texten, die Teil der Ausschreibung sind, vorliegen müssen. Die gleichen Texte können in der Direktbeschaffung als Checklisten bzw. in Lastenheften verwendet werden. Das heißt, dass die Texte, die die Beschaffungsplattform www. it-sicher.kaufen liefert, für beide Beschaffungsvorgänge direkt verwendbar sind. Der erhebliche Unterschied liegt im juristischen Bereich und bei der Bewertung und Auswahl der angebotenen Produkte. Bei der Direktbeschaffung bestehen nur wenige rechtliche Vorgaben. Diese Unterschiede sind aber genereller Natur und daher nicht Inhalt dieses Buches.

Eine für die IT-Sicherheit wichtige Frage bei Ausschreibungen ist, inwieweit können alle vom Beschaffer gewünschten IT-Sicherheitsanforderungen und Maßnahmen in Ausschreibungen verpflichtend untergebracht werden. *Der Rechtsrahmen von Ausschreibungen ermöglicht den Vergabestellen, die öffentliche Auftragsvergabe stärker zur Unterstützung strategischer Ziele zu nutzen. Dazu gehören soziale, umweltbezogene und innovative Aspekte. Dies kommt Unternehmen zugute, die ihrer Verantwortung in ihre eigene Infrastruktur bis hinein in die Produktions- und Lieferketten voll nachkommen, und setzt Anreize für Unternehmen international übliche Anforderungen, Maßnahmen und Standards zur Unternehmensverantwortung einzuhalten. Dazu gehören natürlich auch IT-Sicherheitsanforderungen.* Öffentliche Auftraggeber können dabei national oder international übliche IT-Sicherheitsanforderungen, Zertifizierungen (wie Common Criteria [24, 25]), Standards und anerkannte Gütezeichen vorschreiben, die

© Springer Fachmedien Wiesbaden GmbH 2017
E. Piller, *Beschaffung unter Berücksichtigung der IT-Sicherheit,*
essentials, DOI 10.1007/978-3-658-18599-2_3

mit dem Auftragsgegenstand in Verbindung stehen und objektiv nachprüfbar sein müssen, nicht diskriminierend, aber auch rein national sein dürfen. Der Beschaffer kann immer eine IT-Sicherheitsanforderung bzw. IT-Sicherheitsmaßnahme verpflichtend vorschreiben, wenn sie für ihn nachweislich wichtig ist, unabhängig davon, ob sie einen Anbieter bzw. Hersteller diskriminiert. In einzelnen Ländern, wie z. B. der Schweiz, darf auch die Herkunft des Produktes eine zentrale Rolle spielen (d. h. Schweizer Produkte gehen vor ausländischen). Dies ist in EU-Ländern nur eingeschränkt möglich, außer für spezielle Sicherheitsprodukte und im militärischen Umfeld.

Welche IT-Sicherheitsanforderung und Maßnahme bei einer Direktbeschaffung oder Ausschreibung wichtig ist und daher vom Anbieter verlangt werden soll, hängt von vielen Faktoren ab und unterscheidet sich auch, ob:

- für die eigene/interne Unternehmensinfrastruktur,
- für die jeweilige Produktion in Produktionsunternehmen oder
- für Handelsunternehmen, die die beschafften Produkte weitestgehend unverändert wieder weitervertreiben,

beschafft wird.

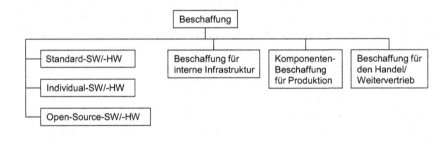

3.1 Beschaffung für interne Infrastruktur

Bei der Beschaffung von Hard- und Software für die eigene Infrastruktur handelt es sich um ein Teilgebiet des IT-Ressourcen-Managements. Dabei orientieren sich die IT-Sicherheitsanforderungen an den Unternehmensanforderungen, internen IT-Sicherheitsrichtlinien (Security Policies etc.), der Unternehmensstrategie und der Corporate Governance (Grundsätze der Unternehmensführung). Da dabei meist der angemessene Umgang mit Risiken und die Unternehmensüberwachung wichtige Kennzeichen darstellen, können hier IT-Sicherheitsanforderungen eine große Rolle spielen. Die Beschaffungsstrategie kann in Unternehmen mehrere Abteilungen betreffen, wie die IKT-Abteilung (wenn es um Komponenten wie Soft- und Hardware [mit SW] geht), Beschaffungsabteilung (sofern vorhanden), Facility-Management etc. Die Beschaffungsstrategie legt mittelfristig die Verteilung der Beschaffung von Wirtschaftsgütern und Dienstleistungen auf einzelne Lieferanten fest. In unserem Fall geht es um Erweiterungen von vorhandenen Beschaffungsstrategie(n) für den Ankauf von IT-sicherer und vertrauenswürdiger Soft- und Hardware und dabei um die Berücksichtigung von unternehmensinternen IT-Sicherheitsvorgaben.

Sehr wichtig bei der Auswahl der IT-Sicherheitsanforderungen sind die unternehmensinternen Sicherheitsrichtlinien (auch *Sicherheitsleitlinien* oder *Policies* genannt). Sie beschreiben/definieren die von der Organisation (Behörde, Unternehmen, Verband, Verein etc.) gewählten Ziele (den erstrebten Anspruch) zur IT-Sicherheit sowie die verfolgte Informationssicherheitsstrategie. Mit Sicherheit ist hier in der Regel die gesamte IT-Sicherheit, vor allem die Sicherstellung von Vertraulichkeit, Integrität, Verfügbarkeit und Authentizität der Informationen gemeint. Hierbei liegt die Annahme zugrunde, dass Informationen per se einen Wert darstellen bzw. ihr Schutz per Gesetz gefordert ist. Daher spielen das Datenschutzgesetz und in Zukunft die europäische Datenschutzgrundverordnung (EU-DSGVO, ab 25.05.2018 gültig) [54] eine wichtige Rolle. Mit diesem neuen Gesetz haften Unternehmen auch für materielle und immaterielle Schäden der Betroffenen, die aus einem Verstoß entstanden sind. Des Weiteren wichtig ist der Standard ISO/IEC 27002 [9], der Empfehlungen für die IT-Sicherheit beinhaltet. Im ISO/IEC 27002 Standard ist u. a. die IT-sichere Beschaffung verankert.

Eine große Herausforderung, vor allem bei größeren Unternehmen, ist, dass die gesamte unternehmensweite Hard- und Software meist aus vielen einzelnen Teilen besteht. Die gesamte relevante Infrastruktur besteht in größeren Unternehmen meist aus hunderten/tausenden PCs, Laptops, Druckern, Netzwerkkomponenten, Servern, Steuerungen, zentralen und dezentralen Softwareprodukten etc. In Industrieunternehmen kommen dazu noch Maschinen und Geräte, in Banken spezielle Terminals, in Spitälern medizinische Geräte etc. Jede Branche hat hier ihre spezielle Ausstattung mit einer breiten Palette von Hard- und Software.

Diese Hardware- und Softwarekomponenten einer gesamten Infrastruktur eines Unternehmens können einzeln betrachtet die Anforderungen an die IT-Sicherheit meist nur sehr eingeschränkt erfüllen, weil sie nur einen begrenzten Funktionsbereich abdecken. Da die Beschaffung dieser vielen Software- und Hardware-Komponenten nicht auf einmal, sondern in vielen einzelnen Beschaffungsschritten erfolgt, soll bei der Beschaffung von Anfang an das Ganze – die endgültige Infrastruktur des Unternehmens – berücksichtigt werden. Dies ist nur eingeschränkt möglich, weil am Anfang nicht das Ganze/Endgültige schon bekannt sein wird. Es soll aber immer der schon bekannte Teil die erforderlichen IT-Sicherheitsanforderungen erfüllen, was dann im Laufe der Zeit zu einer Überdimensionierung der IT-Sicherheit führen kann. Dieser Vorgang ist die einzige Möglichkeit von Anfang an die erforderliche IT-Sicherheit zu erfüllen, weil es in einem Unternehmen nie einen endgültigen Endausbau geben wird. Außerdem ändert sich die Infrastruktur ständig aufgrund neuer Technologien, Produkte und Herausforderungen des Unternehmens.

Bei der Beschaffung von Hard- und Software ist auch interessant, in welcher Form das Unternehmen die Nutzungsverfügung über das Produkt erwirbt. Man unterscheidet zwischen *Kauf, Leasing* und *Miete*. Da es sich dabei in erster Linie um juristische Fragestellungen handelt, werden sie nicht weiter behandelt.

Ein zentrales Thema bei der Beschaffung ist der Hersteller des Produkts. Daher sind auch die herstellerseitigen IT-Sicherheitsmaßnahmen von großer Bedeutung (siehe Abschn. 4.11). Mit Ausnahme von Individualsoftware (siehe Abschn. 3.4) und Individualhardware, wo der Beschaffer (Kunde) mit seinem Lastenheft die Produkteigenschaften und damit die IT-Sicherheitsmaßnahmen vollständig vorgeben kann, bestimmt der Hersteller weitestgehend die IT-Sicherheitsanforderungen des Produkts. Das heißt, dass der Beschaffer nur beim Auswahlprozess des Produkts, wo er seine IT-Sicherheitsanforderungen mit den angebotenen Produkten vergleicht, und bei den Maßnahmen laut Abschn. 4.3 dem Anbieter bzw. Hersteller Vorgaben machen kann (siehe dazu auch Kap. 5). Bei diesen Maßnahmen hat der Beschaffer oftmals nur Vergleichsmöglichkeiten, die die Beschaffungsentscheidung beeinflussen, und er kann einiges über den Kauf- bzw. Leasing- bzw. Mietvertrag regeln, soweit dies mit dem Anbieter möglich ist.

3.2   Komponentenbeschaffung in der Produktion

Bei der Komponentenbeschaffung für eine Produktion in Produktionsunternehmen ist die Sachlage komplett anders. Die Beschaffung kann mehrere Abteilungen betreffen und ist Teil der Materialwirtschaft. Grundsätzlich wird unterschieden zwischen Einzelquellen-, Doppelquellen-, Mehrquellen-, Global- und Lokal-Beschaffung.

Die IT-Sicherheitsanforderungen orientieren sich am zu produzierenden Produkt. Da das Produkt später erfolgreich vermarktet werden soll, richten sich die IT-Sicherheitsanforderungen meist nach den gesetzlichen Vorgaben und Richtlinien der Branchen und der Länder, wo das Produkt vermarktet werden soll, den relevanten Richtlinien und Standards, dem Marketingkonzept, ökonomischen Vorgaben, Kundenanforderungen etc. Dabei können natürlich auch die eigene Unternehmensstrategie – hier vor allem in Bezug auf Produktion, Marketing und Finanzen – und die Corporate Governance des eigenen Unternehmens eine Rolle spielen. Insbesondere, weil später bekannt gewordene IT-Sicherheitsschwachstellen den Ruf des Produktes, aber auch des Herstellers und damit andere Produkte des Unternehmens, nachhaltig beschädigen können. Eine Unternehmensstrategie kann daher sein, dass die produzierten Produkte ein hohes IT-Sicherheitsniveau aufweisen müssen. Aufgrund der starken Zunahme von IT-Angriffen auf die Infrastruktur von Unternehmen wird ein hohes IT-Sicherheitsniveau der Hard- und Softwarekomponenten für die Kunden immer wichtiger und damit ein Vertriebsvorteil für die Hersteller bzw. Anbieter.

Die IT-Sicherheitsanforderungen eines Produktes sollen von den Herstellern in Übereinstimmung mit den Anbietern mit den Endkunden abgestimmt werden, um eine laufende und vom Kunden akzeptable Zustellung der Produkte sicherstellen zu können.

Eine Herausforderung in der Produktion ist, dass meist das Endprodukt aus vielen Teilen (Komponenten) besteht, die selbst wieder Software (meist embedded SW) enthalten. Daraus folgen zwei große Problemstellungen:

1. Jede dieser Komponenten kann die Anforderungen der IT-Sicherheit oftmals nicht oder nur sehr eingeschränkt erfüllen, weil sie nur einen kleinen Funktionsbereich abdecken. Alle einzelnen Software- und Hardware-Komponenten zusammen sollen dann aber die gewünschten bzw. geforderten IT-Sicherheitsanforderungen erfüllen. Dies soll beim Design und der Spezifikation des Endprodukts von Anfang mitberücksichtigt werden. Dabei ist zu beachten, dass sich einzelne Komponenten technologisch rasch ändern bzw. weiterentwickeln, was Auswirkungen auf die IT-Sicherheit haben kann und daher stets neu zu überprüfen ist.

2. Alle Komponenten, die der Produktionsbetrieb nicht selbst produziert, muss er extern beschaffen. Das heißt, der Beschaffer hat es mit mehreren verschiedenen Herstellern (Zulieferern) zu tun. Bei Individual-Software (siehe Abschn. 3.4) und Hardware kann der Beschaffer mit seinem Lastenheft die Komponenteneigenschaften und damit auch die IT-Sicherheitsmaßnahmen vollständig vorgeben. Bei Standardkomponenten (siehe Abschn. 3.4) bestimmen die Hersteller weitestgehend die IT-Sicherheitsanforderungen und daher sind in diesem Fall die herstellerseitigen Maßnahmen von großer Bedeutung (siehe Abschn. 4.11). Der Beschaffer kann üblicherweise nur beim Auswahlprozess der Komponente,

wo er seine eigenen IT-Sicherheitsanforderungen mit denen der angebotenen Komponenten vergleicht, und bei den Maßnahmen laut Abschn. 4.3 dem Anbieter bzw. Hersteller Vorgaben machen kann. Neben den Vergleichsmöglichkeiten kann der Beschaffer aber auch einiges über den Kaufvertrag regeln. Der Kaufvertrag spielt ferner eine große Rolle, um Haftungen nach technologischen Veränderungen bzw. Weiterentwickelungen, die Auswirkungen auf die IT-Sicherheit haben, abfedern zu können. Bei den Herstellern der Komponenten soll zusätzlich beachtet werden, wenn diese selbst Zulieferer (Sublieferanten) ändern.

3.3   Beschaffung für Handelsbetriebe

Bei Handelsbetrieben ist die Sachlage ähnlich wie bei Produktionsbetrieben. Da die Produkte als Handelsware in der Regel unverändert weitervertrieben werden, wird das Niveau der IT-Sicherheit ausschließlich bei der eigenen Beschaffung festgelegt, außer man ergänzt nachträglich das Produkt mit IT-Sicherheitsfunktionen (z. B. einem Virenscanner oder einer Firewall). Das heißt, der Hersteller des Produkts, der für das Handelsunternehmen als Zulieferer auftritt, bestimmt die IT-Sicherheitsanforderungen. Bei technologischen Veränderungen bzw. Weiterentwicklungen oder dem Wechsel eines Herstellers soll genau geachtet werden, ob sich dadurch an der IT-Sicherheit etwas ändert. Hier sind später mögliche Haftungen zu berücksichtigen.

Wichtig in Bezug auf die IT-Sicherheit ist der Unterschied zwischen Standardsoftware und Individualsoftware.

3.4   Beschaffung von Standardsoftware
versus Individualsoftware

Software, definiert nach ISO/IEC-Standard 24765, wird nach ISO/IEC 2382 in Systemsoftware, Anwendungssoftware und Unterstützungssoftware gegliedert. Aus Sicht der IT-Sicherheit ist vor allem noch die Unterteilung in Standardsoftware und Individualsoftware bedeutend, die insbesondere aus rechtlicher Sicht wichtig ist. Standardsoftware gilt als Sachkauf, für Individualsoftware wird ein Werkvertrag bzw. Werklieferungsvertrag abgeschlossen. Bei Software muss auch noch unterschieden werden zwischen Sourcecode (Quellcode), Objectcode (Maschinencode), Gerätetreiber und Installationsprogramme. Software, die sich fest in einem Gerät befindet (trotzdem aber meist später aktualisiert werden kann), wird als Firmware oder embedded Software bezeichnet. Bei Software muss auch unterschieden werden zwischen „Proprietäre Software", „Freie Software" und „Open Source". Für die IT-Sicherheit wichtig ist auch das Nutzungsrecht. Hier kann unterschieden werden zwischen [10]: Adware, Beerware, Cardware, Careware, Crippleware, Donationware, Freeware, Nagware, Shareware und freie Software.

Bei der Softwarebeschaffung ist festzustellen, welche Software bereits auf dem Markt erhältlich ist, nachfolgend Standardsoftware genannt, und welche erst entwickelt werden muss, nachfolgend Individualsoftware genannt. Die zentralen Auswahlkriterien für Software sind meist die Funktion, Kosten, Bedienbarkeit, Schnittstellen von und zu anderer Software, IT-Belastung, Integrationsfähigkeit, Dokumentation, SW-Hersteller, Verbreitungsgrad, Softwareupdate, Support, Einfachheit der Installation und Konfiguration, individuelle Anpassbarkeit, Mandantenfähigkeit und IT-Sicherheit [10]. Das Thema IT-Sicherheit kommt in der Regel im Beschaffungsprozess von Software zwar vor, aber oft zu eingeschränkt.

Bei Individualsoftware beginnt der Beschaffungsprozess mit dem Lastenheft (Spezifikation) [36]. Das Lastenheft beschreibt aus Kundensicht die gewünschte Lösung. Da die Beschaffung von Software oftmals eine aufwendige Investition darstellt, lohnt es sich in mehrfacher Hinsicht diese Investition sorgfältig vorzubereiten. Für das Auswahlverfahren (z. B. Ausschreibung), Vertragsgestaltung, Beauftragung und Wahrung der Rechte des Kunden (Beschaffers) [35] erweist sich diese Vorbereitung als nachhaltig günstig. Und dabei stellt das Lastenheft eine wichtige Grundlage dar. Im Lastenheft soll die IT-Sicherheit in voller Ausprägung repräsentiert sein. Hersteller bzw. Anbieter der Software liefern ihre Angebote inklusive Pflichtenheft [36]. Durch den Vergleich des Lastenheftes mit dem Pflichtenheft kann man objektiv die Unterschiede erkennen. Neben den funktionalen und sonstigen Unterschieden soll hier besonders auf die Unterschiede in der IT-Sicherheit geachtet werden. Nach Abschluss der Softwareentwicklung ist für die IT-Sicherheit vor allem noch die Abnahme der Individualsoftware wichtig. Dabei geht es um die Überprüfung, ob alle Anforderungen und eingebrachten Change-Requests erfolgreich implementiert wurden und im Echtsystem verfügbar sind. Dabei soll auch festgestellt werden, was die Software zusätzlich noch an Funktionalität liefert und ob diese Zusatzfunktionen die IT-Sicherheit reduzieren können. Da diese Überprüfung nur eingeschränkt möglich ist (z. B. können integrierte Hintertüren für gezielte Angriffe meist nicht festgestellt werden, außer mit einer umfangreichen Sourcecode-Analyse), sollen hier ergänzend auch juristische Maßnahmen eingesetzt werden (siehe Abschn. 4.4). Bei Standardsoftware helfen Zertifizierungen, die eine Sourcecode-Analyse enthalten (z. B. Common Criteria ab Stufe EAL 4 [24, 25]).

Neben Individualsoftware kann ein Beschaffer natürlich auch Individualhardware beschaffen. Dabei liegt eine vergleichbare Situation vor wie bei der Individualsoftware.

3.5 Beschaffung von quelloffener Software

Quelloffene Software bezeichnet Software, die es aufgrund bestimmter Lizenzen jedem ermöglicht und erlaubt, Quelltext (Sourcecode) einzusehen, zu verändern und weiterzugeben [70, 71]. Dies bietet gegenüber proprietärer Software einige Vorteile: Für quelloffene Software fallen keine Lizenzgebühren an, sie kann den persönlichen Bedürfnissen angepasst werden und fördert außerdem eine gewisse Herstellerunabhängigkeit. Diese Vorteile tragen zur Attraktivität quelloffener Software bei, sodass Unternehmen und Organisationen immer häufiger in Betracht ziehen, durch deren Einsatz ihre Kosten zu senken. Die Wahl eines geeigneten Produktes für einen bestimmten Anwendungszweck kann sich allerdings als Herausforderung entpuppen.

3.5.1 Freie versus Open Source Software

Im Grunde wird zwischen zwei großen Bewegungen unterschieden: zum einen die „Free Software" Bewegung und zum anderen die „Open Source" Bewegung. Bei der Free Software Bewegung wird eine „GNU General Public Licence (GPL)" generiert, die u. a. den Zweck hat, die Freiheitsrechte der Benutzer zu schützen. Die Open Source Initiative (OSI) stellt ethische Fragen in den Hintergrund und fokussiert sich auf praktische Werte, wie z. B. die durch quelloffene Software erleichterte Zusammenarbeit und die daraus oftmals resultierenden besseren Lösungen – als klarer Gegenpol zu proprietärer Software. Der Unterschied zwischen beiden Definitionen lässt sich gut wie folgt erfassen: „Open source is a development methodology; free software is a social movement." In der Praxis sind allerdings kaum Unterschiede zwischen Free und Open Source Software erkennbar, weshalb sich die Bezeichnungen Free and Open Source Software (FOSS) bzw. Free/Libre and Open Source Software (FLOSS) durchgesetzt haben, um beide Formen kollektiv anzusprechen.

Um die Qualität und Brauchbarkeit von FLOSS-Projekten für die eigenen Anforderungen bewerten zu können, gibt es verschieden Kriterien. Die relevantesten sind [70, 71]: Funktionalität, Community, Support, Dokumentation, Entwicklungsaktivität, Langlebigkeit, Integration, IT-Sicherheit und Lizenzierung. Von diesen Kriterien wird nachfolgend nur die IT-Sicherheit behandelt.

3.5.2   IT-Sicherheit

Bei quelloffener Software werden im Grunde zwei unterschiedliche Standpunkte bezüglich ihrer IT-Sicherheit vertreten. Einerseits herrscht die Meinung vor, dass durch die Offenlegung des Quelltextes Fehler und versteckte Schwachstellen (z. B. für Spionage) rascher gefunden werden, was sich positiv auf die IT-Sicherheit des Produkts auswirkt. Andererseits gibt es Verfechter der Ansicht, dass offener Quellcode die Gefahr birgt, dass Schwachstellen von potenziellen Angreifern entdeckt und ausgenutzt werden können. Beide Sichtweisen haben ihre Berechtigung, jedoch liegt der Vorteil zuerst bei den Entwicklern und der Community, die Möglichkeit zu nutzen, ihren Code auf Schwachstellen zu analysieren. Erst wenn diese Möglichkeit nicht genutzt wird, geht sie auf einen Angreifer über.

Die Analyse der projekteigenen Website und ihrer Community erlaubt eine erste Einschätzung darauf, wie seriös das Entwicklungsteam mit dem Thema IT-Sicherheit umgeht. Das Thema IT-Sicherheit sollte in ausreichender Form auf der Website behandelt werden. Außerdem sollte es eine für die Community transparente Möglichkeit geben, Sicherheitslücken oder potenzielle Schwachstellen zu melden. Die Qualität und Zeitspanne der Reaktionen auf derlei Meldungen ist ein weiteres wichtiges Kriterium. Werden zusätzlich zum Download der Software „Digitale Signaturen" oder zumindest „Checksummen" zur Integritätsprüfung bereitgestellt, weist dies auf ein Mindestmaß von IT-sicherheitsgerichteten Arbeiten hin.

Neben quelloffener Software gibt es auch Open Source Hardware bzw. Open Hardware, wo Hardware nach freien Bauplänen hergestellt wird. Die Idee steht den Bewegungen der „Freien und Open Source Software" nahe, unterscheidet sich aber im Detail von diesen [73].

Für quelloffene Software und Open Hardware gelten die unten angegebenen Maßnahmen (siehe Kap. 4) wie bei proprietärer Software und Hardware. Durch die speziellen Lizenzformen, die unterschiedliche praktische „Bedeutung" des Begriffs Hersteller (und Lieferant) und die Offenheit des Sourcecodes bzw. der Baupläne unterscheidet sich aber wesentlich die Anwendung der Maßnahmen (was zum Teil bis zur Streichung führt) von der nachfolgend angegebenen 6. Maßnahme (Abschluss einer Service-Level-Vereinbarung …) bis zur 12. Maßnahme (Berücksichtigung der relevanten juristischen Aspekte).

Maßnahmen einer IT-sicheren Beschaffung

4

Um IT-Sicherheitsanforderungen für die zu beschaffende Hard- oder Software in einen aktuellen Beschaffungsprozess ausreichend integrieren zu können, sind kundenseitig (beschaffungsseitig) einige Maßnahmen erforderlich. Dazu gehören:

- Erweiterung der im Unternehmen vorliegenden Beschaffungsstrategie und/oder Beschaffungsrichtlinie(n) um IT-Sicherheit, soweit nicht schon vorhanden;
- Feststellung, ob in den Beschaffungsrichtlinien bzw. im vorliegenden Beschaffungsprozess alle für die eigene Infrastruktur bzw. die Produktion erforderlichen Vorgaben wie Gesetze, Verordnungen, Richtlinien (soweit relevant), Policies sowie alle gewünschten bzw. in der Branche erforderlichen bzw. üblichen Standards eingehalten werden;
- Beschaffungsbezogene Risikoanalyse, soweit sinnvoll, und Schutzbedarfsfeststellung;
- Ausarbeitung der erforderlichen IT-Sicherheitsanforderungen. Dies kann z. B. in Form eines Lastenheftes, einer IT-Sicherheits-Checkliste oder der erforderlichen Texte für eine Ausschreibung erfolgen;
- Feststellung und Bewertung von Produktzertifizierungen, Gütezeichen oder ähnliches;
- Abschluss einer Service-Level-Vereinbarung zur Überwachung der Leistungsfähigkeit und Ordnungsmäßigkeit des Anbieters in Bezug auf die IT-Sicherheitsanforderungen des Vertrages;
- Vereinbarung eines Incident-Management und Reporting Systems, indem der Anbieter rechtzeitig und präzise alle relevanten Cyberangriffe, Schwachstellen etc. berichten muss;
- Überprüfung und Bewertung von Referenzen und Erfahrungsberichten, die die IT-Sicherheit behandeln;

© Springer Fachmedien Wiesbaden GmbH 2017
E. Piller, *Beschaffung unter Berücksichtigung der IT-Sicherheit,*
essentials, DOI 10.1007/978-3-658-18599-2_4

- Bewertung von externen IT-Sicherheitstests bzw. selbst durchführen von IT-Sicherheitstests;
- Zur Gewährleistung der Geschäftskontinuität Vereinbarung einer Unterstützung durch den Anbieter bzw. Hersteller bei IT-sicherheitskritischen Zwischenfällen;
- Einholung und Bewertung von IT-Sicherheitsdokumentationen und Hardening
- Berücksichtigung der relevanten juristischen Aspekte. Ausarbeitung der rechtlichen Anforderungen an das Auswahlverfahren und den folgenden Kauf/ Miete/Leasing;
- Berücksichtigung des Vertrauens in den Anbieter und der Herkunft des Produkts;
- Einholung von Informationen über aktuelle IT-Sicherheitsschwachstellen des Produktes;
- Einholung von Empfehlungen aus beschaffungsrelevanten Informationssystemen für IT-Sicherheit;
- Berücksichtigung branchenspezifischer Vorgaben.

Die oben angegebenen Maßnahmen beginnend mit der Risikoanalyse werden nachfolgend näher behandelt. Des Weiteren werden die beschaffungsrelevanten herstellerseitigen Maßnahmen erläutert, die bei jedem Beschaffungsvorgang ebenfalls sehr wichtig sind.

Generell muss festgehalten werden, dass die Durchsetzung einzelner der nachfolgend angegebenen Maßnahmen oftmals nur durch den Auswahlprozess möglich ist, nicht oder nur zum Teil in einem Verhandlungsprozess mit dem Anbieter. Dabei spielt auch das Auswahlverfahren und die Größe des Beschaffungsvorganges bzw. des beschaffenden Unternehmens meist ein Rolle. Nachfolgend wird jedoch nicht bezüglich der Beschaffungs- bzw. Unternehmensgröße unterschieden.

4.1 Risikoanalyse, Schutzbedarfsfeststellung, IT-Sicherheitsanforderungen

Wenn bei der Beschaffung IT-Sicherheit optimal berücksichtigt werden soll, muss der Beschaffer wissen, welches IT-Sicherheitsniveau zu berücksichtigen ist. Ein zu hohes Niveau kostet unnötig Geld, ein zu niedriges gefährdet die IT-Sicherheit des Unternehmens bzw. bei Produktionsunternehmen (Herstellern) bzw. Händlern der Kunden.

Unternehmen sind schon seit langem mit der Komplexitätsproblematik von Systemen mit Hard- und Software konfrontiert und haben mit Risikomanagement zur Erfassung aller möglichen Bedrohungsfaktoren reagiert. Viele Bedrohungsszenarien sind aber zu vielgestaltig und komplex, als dass sie in einer Analyse erfasst werden könnten. Außerdem ändern sich Risiken in einer Infrastruktur und die Angriffsszenarien/Angriffsvektoren. Angreifer ändern und verbessern ihre Attacken und neue bzw. geänderte Technologien erlauben oft neue Angriffe. Außerdem ändert oder erweitert sich manchmal das Einsatzumfeld von Hard- und Software in einem Unternehmen und damit auch die Risiken und Angriffsmöglichkeiten. In diesem komplexen und dynamischen Umfeld kann für einen Beschaffungsprozess trotzdem eine ausreichend gute, aber meist keine perfekte Lösung erzielt werden. Unter Berücksichtigung der eigenen Unternehmensinfrastruktur, der Unternehmensanforderungen, internen IT-Sicherheitsrichtlinien (Security Policies etc.), Unternehmensstrategie, Corporate Governance und äußeren Vorgaben wie relevante Gesetze, Vorschriften etc. lassen sich z. B. in Verbindung mit Beschaffungsplattformen wie www.it-sicher.kaufen die für einen Beschaffungsvorgang für die eigene Infrastruktur erforderlichen IT-Sicherheitsanforderungen in einer ausreichenden Professionalität und Vollständigkeit ausarbeiten. Dabei können der Standard ISO/IEC 27001 und die europäische Datenschutzgrundverordnung [54] eine wichtige Rolle spielen. Auf alle Fälle sollen diese Anforderungen vollständig ausgearbeitet sein, bevor der bevorzugte Anbieter ausgewählt wird (vgl. [9, 26, 27, 29]). Für jeden Beschaffer besteht die Notwendigkeit, die Leistungsfähigkeit der Anbieter durch Qualifikationsüberprüfung und Qualifikationsnachweise bewerten und überprüfen zu können.

Durch die Globalisierung der Produkt-Lieferkette interagieren immer mehr Akteure, um ein einziges Produkt zu produzieren. Daher sollen, soweit als möglich, potenzielle Zulieferer von Herstellern und Anbietern bei der Entwicklung von Sicherheitsanforderungen Berücksichtigung finden. Entsprechend des ISO/IEC 27002 Standards [9] sollen die Sicherheitsanforderungen für die Anbieter auch den vorgelagerten Unternehmen (Hersteller, Sublieferanten) auferlegt werden. Darüber hinaus soll ein Beschaffer immer die Vorgangsweise prüfen, die von potenziellen Herstellern verwendet wird ihre Lieferanten (Hersteller, Sublieferanten) auszuwählen und deren Leistungen zu verwalten.

Basierend auf den Ergebnissen einer beschaffungsbezogenen Risikoanalyse haben die Beschaffer bei der Auswahl eines Anbieters die Möglichkeit bei der Durchführung einer Risikobewertung und der Ausarbeitung der IT-Sicherheitsanforderungen unter anderem folgende Kriterien anzusetzen [28]:

- Die Respektierung der IT-Sicherheitspraktiken und Vorgehensweisen des Herstellers (und seiner Zulieferer);
- Die Berücksichtigung von branchenüblichen IT-Sicherheitsstandards, Gesetzen, Richtlinien und IT-Sicherheitsanforderungen (vgl. Abschn. 4.9);

- Die Berücksichtigung der Reputation und vergangenen Leistungen des Herstellers in Bezug auf IT-Sicherheit und Widerstandsfähigkeit seiner Produkte bzw. Dienstleistungen;
- Die Kritikalität der zu beschaffenden Produkte/Komponenten in Bezug auf die gesamte Infrastruktur bzw. das zu produzierende Endprodukt.

Bei der Komponentenbeschaffung in der Produktion spielt die eigene Infrastruktur mit den vielfältigen IT-Sicherheitsanforderungen eine Nebenrolle. Wichtig sind hier die Hersteller der in der Produktion verwendeten Komponenten und die Endkunden, die später das Produkt einsetzen. Die Orientierung an die Endkunden macht die Sache aber schwieriger als bei der eigenen Infrastruktur, weil man dort nicht so einfach eine Risikoanalyse bzw. Schutzbedarfsfeststellung durchführen kann. Grundsätzlich gibt es dazu drei Lösungsansätze:

- Kundenbefragung z. B. mithilfe eines Fragebogens, den wichtige Kunden (und Interessenten) ausfüllen. Dabei wird festgestellt, welche IT-Sicherheitsanforderungen sich die Kunden vom Produkt erwarten;
- Risikoanalyse bzw. Schutzbedarfsfeststellung vor Ort bei einigen ausgewählten Kunden z. B. durch Befragung;
- IT-Sicherheitsanforderungen werden auf Basis der Kenntnis der relevanten Branche(n) bzw. der wichtigen bzw. geplanten Kunden durch Annahmen festgelegt.

Zusätzlich spielt das Marketingkonzept des Produktes eine wichtige Rolle. Da viele IT-Security Maßnahmen Geld kosten, muss über das Marketingkonzept oder sonstige dafür geeignete Konzepte feststellbar sein, welches IT-Sicherheitsniveau angestrebt wird und daher welche IT-Sicherheitsanforderungen im Produkt kostenmäßig „untergebracht" werden können/sollen.

4.1.1 Schutzbedarfsfeststellung

Die Feststellung des erforderlichen IT-Schutzbedarfs und damit folgend der einzelnen IT-Sicherheitsanforderungen kann bei einer Beschaffung für die eigene Infrastruktur vor allem auf folgenden Fakten basieren:

- Berücksichtigung der Beschaffungsstrategie, Beschaffungsrichtlinie(n), Security Policies;
- Berücksichtigung der relevanten Unternehmensanforderungen und IT-Sicherheitsvorgaben;
- Ergebnis der beschaffungsbezogenen Risikoanalyse, soweit durchgeführt.

Für die Komponentenbeschaffung in der Produktion gelten die Aussagen im Absatz davor (siehe oben).

Ziel der Schutzbedarfsfeststellung ist es, begründete und nachvollziehbare Einschätzungen des benötigten IT-Schutzbedarfs betrachteter Objekte zu ermitteln. Für kleine Organisationen oder Privatpersonen, die keine aufwendige Schutzbedarfsfeststellung durchführen können oder möchten, ist eine einfache Methode der Schutzbedarfsklassifikation die Beantwortung von Klassifizierungsfragen. Dabei soll sich herausstellen, für welchen Anwendungsfall Objekte mehr IT-Sicherheit benötigen, und bei welchen Anwendungsfällen elementare IT-Schutzmaßnahmen genügen.

4.2 Ausarbeitung der IT-Sicherheitsanforderungen

Wenn der Beschaffer das Produkt und den Hersteller auswählt, spielen üblicherweise Funktionalität und Preis eine zentrale Rolle. Je nach Beschaffungsstrategie und Beschaffungsrichtlinien, bei der Komponentenbeschaffung in der Produktion zusätzlich noch das Marketingkonzept etc., sind dabei die implementierten IT-sicherheitsrelevante Maßnahmen mehr oder minder wichtig. Und dabei spielen für den Beschaffungsprozess die IT-Sicherheitsanforderungen die zentrale Rolle. Sie sind das Herz jeder IT-sicheren Beschaffung. Unabhängig davon, wie viele IT-Sicherheitsanforderungen und Maßnahmen, die in den nachfolgenden Kapiteln beschrieben sind, der Beschaffer bei einem Beschaffungsvorgang durchsetzen kann, er muss seine IT-Sicherheitsanforderungen genau kennen.

Wenn der Schutzbedarf bekannt ist, kann ein Beschaffer beginnen, die entsprechenden IT-Sicherheitsanforderungen auszuarbeiten. Dies kann z. B. in Form eines Lastenheftes, einer Sicherheits-Checkliste oder der Texte (Vorlagen) für eine Ausschreibung erfolgen. Dabei kann eine Beschaffungsplattform, wie www.it-sicher.kaufen, ebenso unterstützen wie die Angaben im vorliegenden Buch.

4.3   Weitere Maßnahmen

4.3.1   Feststellung und Bewertung von Produktzertifizierungen

Neben den Unternehmenszertifizierungen kann der Anbieter bzw. Hersteller auch Zertifizierungen auf Produktebene liefern bzw. der Beschaffer im Auswahlverfahren fordern. Anerkannte Produktzertifizierungen sind ein Indikator für die Qualität eines Produkts. Besitzt ein Produkt eine Zertifizierung, sind Legitimität, Stellenwert und Bekanntheitsgrad der Zertifizierung zu ermitteln. Dabei ist es wichtig zu wissen, welche Bereiche und Aspekte eine durchgeführte Zertifizierung behandelt und von welchem Institut oder Unternehmen die Zertifizierung durchgeführt wurde. Dies soll eine mögliche Einflussnahme durch Dritte ausschließen. Weiterhin ist die Gültigkeit der Zertifizierung zu prüfen, um eine falsche oder reine marketingtechnische Verwendung auszuschließen.

Bei Produktzertifizierungen ist insbesondere Common Criteria [24, 25] (ISO/IEC 15408) zu nennen, ein internationaler Standard für die Zertifizierung der IT-Sicherheit von Produkten (Abb. 4.1). Dabei werden die Funktionalität und die Vertrauenswürdigkeit getrennt voneinander betrachtet. Die Sicherheitsfunktionalität eines Produkts wird durch Security Functional Requirements (SFR) beschrieben. Diese sind in verschiedene Funktionalitätsklassen aufgeteilt, z. B. Privatsphäre, Sicherheitsmanagement oder Sicherheitsprotokollierung. Mehrere Funktionalitätsklassen werden zu Schutzprofilen zusammengefasst, die den typischen Funktionsumfang bestimmter Produkte (z. B. Firewall) darlegen. Die Vertrauenswürdigkeit beschreibt die Korrektheit der Implementierung eines Systems/Produkts. Eine Skala (Evaluation Assurance Level, EAL1 bis 7) gibt die Tiefe an, mit der das Produkt geprüft wird. EAL 1 ist das Einstiegsniveau, EAL 7 das höchste Sicherheitsniveau.

Bei Produktzertifizierungen stellen Produktänderungen oder Updates große Herausforderungen dar. Zertifizierungen verfallen bei geänderten Produkten, da

Abb. 4.1 Common Criteria

angenommen werden muss, dass sie nicht mehr aktuell und aussagekräftig sind (Verlust eines Zertifikates durch Patches bzw. Updates des Produkts).

Neben den Produktzertifizierungen können bei der IT-sicheren Beschaffung auch Gütezeichen/Gütesiegel eine Rolle spielen (siehe Abschn. 4.8).

4.3.2 SLA für Leistungsfähigkeit und Ordnungsmäßigkeit des Anbieters

Die Leistungsfähigkeit und Ordnungsmäßigkeit/Konformität des Anbieters bzw. Herstellers in Bezug auf die IT-Sicherheitsanforderungen des Vertrages sollen vergleichbar mit einem Service Level Agreement (SLA) überwacht werden können. Die in der „SLA" enthaltenen Begriffe sollen einfach, klar und messbar sein. Es ist entscheidend, dass ein Beschaffer in der Lage ist, zu überprüfen, ob die IT-Sicherheitsanforderungen vom Anbieter erfüllt wurden, um sicherzustellen, dass der Anbieter die im Vertrag festgelegten Anforderungen erfüllt [37].

Darüber hinaus kann der Anbieter bzw. Hersteller klare Prozesse entwickeln, um Abweichungen seiner Zulieferer hinsichtlich der „SLA" festzustellen und zu bewältigen. Dazu zählt etwa die Entschädigung, wenn die Leistung nicht den im „SLA" definierten Erwartungen entspricht. Auch höhere Vertragsstrafen können dem Beschaffer helfen, die IT-Sicherheitsrisiken auf die Anbieter zu übertragen. Dies bedeutet, dass Vorfälle einen geschäftskritischen Einfluss auf Anbieter und Hersteller haben, indem Anreize geschaffen werden, robuste IT-Sicherheitsanforderungen umzusetzen und sofortige Maßnahmen zur Schadensbegrenzung im Falle von Problemen zu ergreifen.

4.3.3 Incident-Management und Reporting

Die Anbieter sollen vertraglich verpflichtet werden ihre Kunden über jegliche IT-sicherheitskritischen Ereignisse, die mit ihren Produkten oder Dienstleistungen aufgetreten sind, rechtzeitig und präzise zu berichten. Dazu gehören alle relevanten Angriffe (Cyberangriffe etc.), Zwischenfälle, erkannte Fehler bzw. IT-Sicherheitsschwachstellen oder Anomalien, die die Beschaffer/Kunden betreffen. Dies erhöht die Transparenz bzgl. potenzieller Probleme oder IT-Sicherheitsschwachstellen und hilft dieselben Probleme bei anderen Kunden zu verhindern.

Des Weiteren sollen die Anbieter Vorfälle in der Vergangenheit untersuchen, um Ursachen zu identifizieren, aus den Vorfällen zu lernen und Änderungen zu implementieren, wenn dies erforderlich ist. In speziellen Fällen kann auch ein

Dritter aufgefordert werden, Untersuchungen durchzuführen und Korrekturmaßnahmen vorzuschlagen.

Wurde eine Sicherheitslücke entdeckt, ist die rasche Fehlerbehebung der Hersteller durch eine „Patch"-Bereitstellung von immenser Bedeutung. Hier ist zu
hinterfragen, wie das Kommunikationsverhalten der Hersteller bzw. Anbieter
zu den Kunden aussieht und wie schnell eine Reaktion erfolgt. Des Weiteren ist
auch die Behebungsqualität zu hinterfragen (wurde das Problem vollständig besei-
tigt?). Hierdurch sollen Rückschlüsse auf die Qualität der internen Prozesse bzw.
die Wichtigkeit und den Stellenwert der IT-Sicherheitsthematik in einem Unternehmen gezogen werden. Wie die 2014 aufgetretene, kritische Sicherheitslücke
„Heartbleed" in OpenSSL zeigte, war die Reaktion vieler Hersteller unterschiedlich schnell bis kaum vorhanden [64]. Alle diese Fragen und Vorgaben können mit
genauen Angaben bei einer Ausschreibung bzw. in einem Vertrag behandelt und
dadurch als Muss-Bedingung vorgegeben werden, wie z. B. die Angabe einer maxi-
malen Reaktionszeit bei der Bekanntgabe IT-sicherheitskritischer Ereignisse und
die Verpflichtung zu einer „Patch"-Bereitstellung innerhalb einer bestimmten Zeit.

4.3.4 Überprüfung und Bewertung von Referenzen und Erfahrungsberichten

Referenzen und Erfahrungsberichte anderer Kunden, die auch die IT-Sicherheit
behandeln, können wichtige Einblicke bezüglich Qualität, Seriosität und IT-
Sicherheit von Produkten geben [62]. Zu beachten sind dabei die Echtheit und
Aktualität der Informationen. Es ist zu hinterfragen, ob ein angegebener Erfah-
rungsbericht legitim ist, ob referenzierte Kunden tatsächlich noch Bestandskun-
den sind und ob diese mit dem eingesetzten Produkt zufrieden sind. Eruierbare
Branchenspezifika können ebenfalls aufschlussreich sein, z. B. ob das Produkt
auch von anderen vergleichbaren Unternehmen eingesetzt wird.

4.3.5 Überprüfung und Bewertung von IT-Sicherheitstests

Es ist sehr wichtig für einen Beschaffer, vertraglich die Zusicherung zu erhalten, dass die gelieferten Produkte korrekt funktionieren und die festgelegten
IT-Sicherheitsanforderungen erfüllen, bevor sie in die bestehende Infrastruktur bzw.
bei einem Produktionsbetrieb in die zu produzierenden Halbfabrikate bzw. Endprodukte integriert werden unter Berücksichtigung des gesamten Lebenszyklus. Daher

sollen Tests vor der Auslieferung an den Kunden, vor und nach der Integration in die bestehende Infrastruktur bzw. bei einem Produktionsbetrieb in die zu produzierenden Halbfabrikate bzw. Endprodukte, und bei der Anwendung von Patches oder Updates durchgeführt werden.

Die Prüfung kann von Beschaffern, Anbietern bzw. Herstellern und/oder von spezialisierten Dienstleistern durchgeführt werden. Dies soll in der Verhandlungsphase, wenn möglich, vereinbart und in den Vertrag aufgenommen werden. Als gute Praxis sollen vollständige Tests einschließlich Penetrationstests, Codeüberprüfung (soweit möglich und sinnvoll), Tests in verschiedenen Umgebungen etc. durchgeführt werden, um die Qualität des Produkts zu überprüfen. Die Anbieter sollen aufgefordert werden, Testverfahren zusammen mit Testergebnissen dem Beschaffer mitzuteilen. Wenn eine Aufnahme in den Kauf-/Miet-/Leasing-Vertrag nicht möglich ist, soll zumindest geprüft werden, ob Hersteller selbst oder Drittanbieter für das Produkt einen unabhängigen IT-Sicherheitstest durchgeführt haben und ob die Ergebnisse hiervon veröffentlicht wurden. Wurde ein IT-Sicherheitstest durchgeführt, kann untersucht werden, welche Testmethoden zum Einsatz gekommen sind und ob die Sinnhaftigkeit gegeben ist.

Bei Produktselbsttests können einerseits bekannte IT-sicherheitsrelevante Aspekte und Anwendungsszenarien getestet sowie unbekannte Schwachstellen ermittelt werden. Dies ist relativ aufwendig und kann oft nur von Unternehmen, die über entsprechende Kapazitäten verfügen, durchgeführt werden. Meist ist ebenso ein Entgegenkommen seitens der Hersteller erforderlich, um Produktinformationen zu erhalten, damit die Entwicklung von aussagekräftigen Tests ermöglicht wird.

4.3.6 Geschäftskontinuität

Zur Gewährleistung der Geschäftskontinuität ist bei IT-sicherheitskritischen Zwischenfällen die Unterstützung durch den Anbieter bzw. Hersteller unerlässlich, um Kerndienste schnell wieder herzustellen. Daher sollen Beschaffer mit ihren Anbietern einen präzisen und dokumentierten Business Continuity Plan (BCP) und einen Disaster Recovery Plan (DRP) entwickeln bzw. einfordern, wo dies sinnvoll und möglich ist. Beschaffer sollen eine Mindestzeit für die Wiederherstellung nach einem Ausfall festlegen, aber auch ein Mindestmaß an Service, das vom Anbieter bereitgestellt werden soll (vereinbart als Teil ihrer SLA), um die Kontinuität ihrer kritischen Dienste zu gewährleisten oder die Wiederherstellungszeit zu reduzieren. Solcherart Metriken sollen vom Anbieter in der Definition von DRP und BCP berücksichtigt werden [37].

4.3.7   Ansprechpartner beim Anbieter bzw. Hersteller

Neben Ansprechpersonen im normalen Supportbereich sollen spezielle Ansprechpersonen für IT-sicherheitsrelevante Fragen bezüglich des Produkts oder der
getroffenen IT-Sicherheitsmaßnahmen der Hersteller bzw. Anbieter vorhanden
sein. Mit solchen Informationsauskünften zeigen Hersteller bzw. Anbieter wie
transparent sie den Kunden gegenüber auftreten.

4.3.8   Bewertung von IT-Sicherheitsdokumentationen und „Hardening"

Zusätzlich zu den Produktdokumentationen sollen Hersteller bzw. Anbieter auch
eine Dokumentation über IT-sicherheitsrelevante Informationen mitliefern (diese
kann auch Teil der Produktdokumentation sein). Des Weiteren ist es interessant,
ob zu dem Produkt Informationen zum Thema „Hardening" und IT-sicherer Einsatz existieren. Diese Informationen sind inhaltlich im Auswahlverfahren zu ver-
langen und entsprechend zu bewerten.

4.4   Juristische Aspekte

Juristische Aspekte können bei der Beschaffung sehr umfangreich sein und
werden in den meisten Publikationen über Beschaffung in irgendeiner Form
behandelt (vgl. [3, 20, 37]). Bei größeren Beschaffungsvorgängen ist wegen der
Komplexität eine juristische Unterstützung unbedingt empfehlenswert. In diesem
Buch werden daher nur die Themen Vertragsänderung und Vertragsauflösung und
die sehr wichtige Gewährleistung und Haftung in Form eines Beispiels für Standardsoftware kurz behandelt, weil sie in Bezug auf die IT-Sicherheit besonders
relevant sind.

4.4.1   Vertragsänderung oder -auflösung

Die IT-Sicherheitsrisiken können sich weiterentwickeln und die IT-Sicherheitsanforderungen schnell veralten. Folglich soll der Beschaffer zusammen mit dem
Anbieter planen, wie mit zukünftigen Änderungen der IT-Sicherheitsanforderungen umzugehen ist [27]. Noch wichtiger ist, dass Prozesse für das Change
Management und die Zuständigkeiten zur Veränderungsinitiierung im Voraus

festgelegt und im Kauf-/Miet-/Leasing-Vertrag aufgenommen werden. Beide Parteien können auch festlegen, wer die Kosten je nach Art der Änderung trägt. Darüber hinaus soll der Vertrag das Verfahren bei Vertragskündigung spezifizieren. Damit wird sichergestellt, dass die IT-Sicherheitsrisiken auch während des Übergangs vom Anbieter zum Kunden oder einem anderen Anbieter wirksam verwaltet werden. Das Kündigungsverfahren umfasst:

- Übertragen aller Dokumente, Verfahren, Konfigurationen, Aufzeichnungen usw., die das Produkt mit dem Kunden verknüpfen, um eine reibungslose Fortsetzung zu gewährleisten;
- Zerstörung aller Dokumente, Dateien, Aufzeichnungen, die Informationen des Anbieters enthalten, nach Beendigung der Vertragsauflösung;
- Für den Fall sensibler Informationsbestände müssen besondere IT-Sicherheitsmaßnahmen vereinbart und umgesetzt werden, um die Vertraulichkeit und den Schutz der Daten zu gewährleisten.

4.4.2 Gewährleistung

Vom Anbieter soll sichergestellt werden, dass IT-Sicherheitsrisiken kontinuierlich auch nach der Lieferung des Produkts verwaltet werden und dass die Anforderungen vertragskonform erfüllt werden. Dies kann mit mehreren Methoden erreicht werden, die im Vertrag definiert werden sollen:

- Der Anbieter kann den IT-Sicherheitsstatus und IT-Sicherheitsvorfälle im Rahmen eines Leistungsberichts regelmäßig melden.
- Der Anbieter kann regelmäßig unabhängige IT-Sicherheitsprüfungen seiner eigenen Produkte anfordern und die Ergebnisse und etwaige Korrekturmaßnahmen an seine Kunden melden.
- Der Beschaffer kann das Recht auf Prüfung oder das Recht auf Einsicht in die Produkte seiner Anbieter einfordern. Audits und Inspektionen sind jedoch meist kostspielige Maßnahmen für die Beschaffer. Nichtsdestoweniger soll vertraglich die Möglichkeit bestehen, die Produkte eines Anbieters zu prüfen, um die Einhaltung des vereinbarten IT-Sicherheitsniveaus sicherzustellen. Die Entscheidung, ein Audit durchzuführen, kann fallweise getroffen werden, je nach Kontext und Kritikalität des Produkts. In speziellen Fällen erfordert die Prüfung eines Produktes auch die Prüfung der gesamten Entwicklung und/ oder der Produktion und/oder des Herstellers selbst. Noch komplexer wird die Prüfung, wenn sie auch Zulieferer (Sublieferanten) des Herstellers betrifft, was in Einzelfällen notwendig sein kann.

4.4.3   Beispiel von allgemeinen Haftungsbedingungen für Software

Die im Beispiel angegebenen Paragrafen gelten nach österreichischem Recht. Der Anbieter der Software erklärt hiermit und sichert zu

1. dass die Software frei von Sach- und Rechtsmängeln ist, und sie die gewöhnlich vorausgesetzten Eigenschaften hat, sie seiner Beschreibung entspricht und dass sie der Natur solcher Programme gemäß verwendet werden kann;
2. dass die Software keine versteckten Eigenschaften hat, insbesondere keine Spionage- oder Sabotagefunktionen in irgendeiner Form und keine Eigenschaften, die die Lebensdauer begrenzen;
3. dass die Software keine versteckten Zugänge hat, durch die ein Angreifer die Herrschaft über die Software und das Betriebssystem sowie andere Software übernehmen oder Schaden anrichten kann;
4. dass alle Anforderungen laut IT-Sicherheitsanforderungskatalog vollständig erfüllt sind;
5. dass die Software im Falle eines Fehlers sich nicht selbst zerstört oder andere Software oder Sachen beschädigt oder Personen gefährdet;
6. dass die Software durch den sachgemäßen Gebrauch gemäß Punkt 1 sich nicht verändert;
7. dass die Software bei fachkundiger Bedienung und Verwendung keine Gefährdung der bedienenden oder verwendenden Personen verursacht.
8. dass die Software für den Fall, dass sie auch personenbezogene Daten im Sinne von § 4 Z1 und Z2 DSG2000 idgF und im Sinne von Art. 4 Z1 DSG-VO 2016/679 ab 25. Mai 2018 erfasst und verarbeitet, die in Art. 25 Abs. 1 und Abs. 2 DSG-VO geforderten Bedingungen erfüllt oder eine Zertifizierung gemäß Art. 42 DSG-VO vorweisen kann. Entspricht die Software nicht diesen Bedingungen kann der Beschaffer die Software bei Übergabe wegen Nichterfüllung der Bedingungen zurückweisen oder nach Übernahme der Software gemäß § 932 ABGB wegen eines nicht geringfügigen Mangels Wandlung des Vertrags geltend machen. Zur Feststellung der Tauglichkeit ist eine Testzeit von einem Monat nach Übergabe vereinbart. Jedoch ist diese Testzeit noch keine Übernahme im Sinne von §§ 922 ff ABGB. Erst mit Ablauf der Testzeit ohne Mängelrüge ist die Übergabe vollzogen, jedoch bleiben die vereinbarten Fristen und Rechte der Gewährleistung aufrecht.
9. dass die vorstehenden Bedingungen während der Gewährleistungszeit auch für alle innerhalb dieser Zeit gelieferten Patches, Upgrades und Funktionserweiterungen gelten.

Der Anbieter haftet für diese Erklärung aus Gewährleistung für den Zeitraum von bei der Sache angegeben Monaten ab Übergabe der Software an den Erwerber. § 924 ABGB wird für Software dahin abgeändert, dass für sie vermutet wird, dass sie sich nicht durch ihren Gebrauch verändert. Der Anbieter muss daher für die gesamte Gewährleitungsfrist beweisen, dass der Mangel bei Übergabe nicht vorhanden war. Wurde der Mangel vom Hersteller verschuldet, so haftet er für Schadenersatz bei leichter Fahrlässigkeit bis zum x-fachen („z. B. fünffachen") Betrag, bei grober Fahrlässigkeit bis zum x-fachen („z. B. zwanzigfachen") Betrag des Anschaffungswertes. Wird die Software nur gemietet, dann erstreckt sich die Haftung ohne zeitliche Einschränkungen entsprechend § 1096 ABGB auf die gesamte Laufzeit des Mietvertrags.

4.5   Herkunft IT-sicherheitskritischer Komponenten

Woher ein Produkt stammt hat direkten Einfluss auf das Vertrauen, das dem Produkt entgegengebracht wird. Eine Ursache sind die zahlreichen Berichte [5, 6, 30, 47, 50, 61], die in den Medien thematisiert werden. Dabei spielen häufig versteckte Funktionen und bewusst eingebaute Schwachstellen eine Rolle. Recherchen solcher Artikel geben den Eindruck, dass vor allem Erzeugnisse aus gewissen Ländern von diesen Fällen betroffen sind. Bei der Beschaffung eines Produkts soll deswegen ein Kauf aus „risikoärmeren" Gebieten (z. B. den deutschsprachigen Ländern) bevorzugt werden, sofern dies möglich ist. Dies gilt nicht nur für Softwareprodukte und Nutzung von Online (Cloud) Diensten, sondern auch für den Kauf von Hardwarekomponenten mit integrierter Software. Dabei sind auch die Zulieferer (Sublieferanten) des Herstellers zu berücksichtigen, was die Komplexität erhöht.

Besonders wichtig ist die Betrachtung der Herkunft eines Produktes bei reinen IT-Sicherheitsprodukten, das heißt von Produkten, die ausschließlich die Aufgabe haben eine Infrastruktur IT-sicherer zu machen, und von Produkten, die in einem besonders sicherheitskritischen Umfeld eingesetzt werden.

Um die Herkunft IT-sicherheitskritischer Technologien bewerten zu können, wird nachfolgend eine Auswertung von Produktlisten durchgeführt. Dafür werden exemplarisch verschiedene relevante Kategorien ausgewählt, die beim Einsatz einen direkten Einfluss auf die IT-Sicherheit haben. Die Auswahl der Kategorien erfolgt dabei nach eigenem Ermessen [31]:

- Aktive Netzkomponenten: Router, Switch
- Firewalls (Software, Hardware)
- Server (generisch), Clients (Workstation)

- Browser, Antiviren Programme
- Verschlüsselung: Endgerät-Anwendungen, Hardware Security Modul (HSM), Krypto-Bibliotheken
- Virtual Private Network (VPN)
- Cloud-Datenspeicher

Die ausgewählten Kategorien werden als Basis für eine Suchmaschinenrecherche herangezogen. Ermittelte Produkte einer Kategorie werden inklusive Hersteller und, wenn möglich, Ursprungsland in einer Excel Liste vermerkt. Fällt ein Produkt unter die Open Source Initiative, wird statt einer Länderkennung „Open Source" eingetragen. Die Ergebnisse dieser Auswertung sind in Tab. 4.1 zu sehen.

Wie Tab. 4.1 zeigt, stammen von den 230 eingetragenen Produkten 76 aus den USA, 37 aus Deutschland, 17 sind Open Source und 11 aus Großbritannien. Der Rest lag bei unter 10 Vorkommnissen. Bei diesem Ergebnis ist zu berücksichtigen, dass auch ein Produkt aus den USA Bauteile aus China enthalten kann. Ein iPhone wird in dieser Liste als Produkt von Apple den USA zugewiesen, obwohl die Produktion komplett in China erfolgt [33].

Für ausgewählte Technologien ist nun ausschlaggebend, inwiefern die Abhängigkeit von ausländischen Herstellern und Staaten zu Risiken und Gefahren für heimische Unternehmen führen kann. Insbesondere sind die Themen Informationssicherheit, Datenschutz, Privatsphäre und Schutz vor Spionage und Überwachung von Interesse.

Tab. 4.1 Herkunft Produkte [31]; Details dazu siehe [2]

Herkunftsland	Anzahl Produkte
USA	76
Deutschland	37
Open Source	17
UK	11
Österreich	7
Russland	7
Japan	5
Australien	3
Israel	3
Italien	3
Norwegen	3
Tschechien	3

4.5.1   In-Design Schwachstellen

Fehler, die bereits in der Produktdesign Phase implementiert werden, bezeichnet man als In-Design Schwachstellen. Sie können sich ein Produktleben lang auf die IT-Sicherheit eines Erzeugnisses auswirken. Das Finden solcher Fehler ist schwierig und nur aufgrund des Verhaltens oder durch einen Black Box Test möglich [39]. Varianten sind unter anderem:

- Inkorrekte oder fehlende Funktionen
- Schnittstellenfehler
- Fehler in Datenstrukturen
- Leistungsfehler
- Initialisierungs- und Beendigungsfehler
- Physikalische Manipulation von Hardware

Die Liste bekannter oder vermuteter In-Design Schwachstellen ist lang. Dazu gehören zum Beispiel ein Zufallszahlengenerator mit einer Schwachstelle durch einen US Nachrichtendienst (2006, [40]), ein Backdoor in einem chinesischem Chip (2012, [41]), Aktivitäten der NSA-Gruppen „ANT" und „TAO" [42, 44] mit nahezu unbegrenzten Mitteln, um in bestimmte Ziele einzudringen, Schwachstellen in Produkten vieler Hersteller (z. B. Juniper, Cisco, Huawei [61] und Dell) [43], die NSA-Projekte „SIGINT" und „BULLRUN" [44, 48] oder „Edgehill" vom britischen Nachrichtendienst GCHQ [46].

4.6   Beschaffungsrelevante Informationssysteme für IT-Sicherheit

Es ist wichtig, sich bei der Beschaffung von Produkten über aktuelle IT-Sicherheitsschwachstellen und Empfehlungen zu informieren. Nachfolgend werden für die IT-Sicherheit relevante Informationssysteme gelistet, inklusive kurze Angaben über das Angebot [30].

www.it-sicher.kaufen [1, 2]

Diese Plattform unterstützt die Beschaffung jeglicher Software und Hardware (mit integrierter Software) bei IT-sicherheitstechnischen Fragestellungen und ermöglicht die Erzeugung der für die Beschaffung erforderlichen Texte der

IT-Sicherheitsanforderungen in Form von Templates. Nähere Details zu dieser Plattform sind im Kap. 5 angegeben.

BSI (Bundesamt für Sicherheit in der Informationstechnik) IT Grundschutz Kataloge [11]

Das Angebot besteht aus einer Sammlung an IT-Sicherheitsmaßnahmen und Empfehlungen. Es wird auch eine Methodik angeboten, mit der die richtigen Maßnahmen ausgewählt und angepasst werden können.

BSI Schwachstellen Ampel [12]

Die aktuelle Sicherheitslage wird mit einer BSI-internen Bewertung in Form einer Ampel dargestellt.

- rot: bei einer beliebigen Anzahl von offenen Schwachstellen mit mindestens einer „kritischen Schwachstelle"
- gelb: bei einer beliebigen Anzahl von „geringfügig-kritischen" offenen Schwachstellen, bei gleichzeitig keiner „kritischen" offenen Schwachstelle
- grün: wenn für ein Produkt weder „kritische" noch „geringfügig kritische" offene Schwachstellen vorliegen

Die Übersicht bezieht sich auf Schwachstellen nach Hersteller und Produkt, wobei die Auswahl sehr begrenzt ist (Adobe, Apple, Google, Microsoft, Mozilla und Oracle). Dabei wird das Gefährdungspotenzial für Einträge durch die öffentlich bekannten, offenen Schwachstellen erfasst. Das BSI gibt an, dass sich die Termine der Aktualisierung hauptsächlich an den „Patchdays" der Hersteller orientieren.

Open Web Application Security Project (OWASP)

Das OWASP Projekt [13] ist eine weltweite Non-Profit-Organisation, deren Ziel es ist, Softwaresicherheit zu fördern. Dazu werden Empfehlungen und Dokumentationen bezüglich Anwendungssicherheit ausgegeben. Eine feste Größe in der Softwareentwicklung sind die OWASP Top 10. Diese Liste gibt an, welche webbasierten Risiken die größte Gefahr darstellen und wie sie vermieden werden können. Weitere OWASP Angebote behandeln die Vermeidung typischer Software Schwachstellen in der Entwicklung:

- OWASP Application Security Verification Standard (ASVS) [14] für Entwickler mit einer Anforderungsliste für die sichere Entwicklung von Webapplikationen
- OWASP Secure Software Contract Annex (Zusammenfassung essenzieller Punkte für in Auftrag gegebene Software, die vertraglich geregelt werden sollen [15]).

Computer Emergency Response Team (CERT) bzw. Computer Security Incident Response Team (CSIRT)

CERTs, wie z. B. www.cert-bund.de, www.cert.at, www.buerger-cert.de, www. govcert.ch, [16] etc., sind meist Expertenteams, deren Ziel es ist, IT-Sicherheitsvorfälle zu behandeln. Während CERTs und CSIRTs regional agieren, gibt es eine übergeordnete Organisation namens „Forum for Incident Response and Security Teams" (FIRST), die global koordiniert. Ein regionales Team wird in der Regel von einer Regierung, einer öffentlichen Stelle, einem Unternehmen oder einer Bildungseinrichtung geführt und finanziert.

Security Bulletins

Von vielen großen IKT-Herstellern (Microsoft, Adobe, IBM etc.) und IT-Sicherheitsorganisationen (z. B. CERTs) gibt es regelmäßige Sicherheitsberichte, z. B. auf monatlicher Basis. Diese behandeln in der Regel Vorkommnisse in eigenen Produkten. Neben Beschreibungen von Schwachstellen und Maßnahmen zur Behebung werden oft Werkzeuge in Form von Hilfsprogrammen bereitgestellt.

Cybersecurity Blogs

Es gibt im Internet zahlreiche Blogs, die sich mit dem Thema IT-Sicherheit auseinandersetzen. Herausgeber haben eine positive Reputation in der gesamten IT-Sicherheitsbranche. Vertreter solcher Blogs sind Wired's Threat Level, Krebs on Security oder Schneier on Security, um nur einige zu nennen. Es gibt auch von CERTs veröffentlichte Blogs.

Mailing Listen

Alle Abonnenten einer Mailing Liste werden über bestimmte Themen der IT-Sicherheit informiert. Der Detaillierungsgrad umfasst in der Regel Warnungen, Tipps, aktuelle Aktivitäten oder das Erscheinen neuer Bulletins. Bekannt, aber umstritten, ist z. B. Bugtraq [17]. Neben Diskussionen über Schwachstellen

in Produkten, werden Veröffentlichungen von Hersteller weitergegeben sowie
Methoden der Ausnutzung (Exploitation) und des Schließens von Sicherheitslücken bekannt gemacht. Bugtraq verfolgt die sogenannte „full disclosure" Richtlinie. Dabei werden Informationen zu Schwachstellen öffentlich gemacht, ohne
zuvor eine Reaktion des Herstellers abzuwarten. Seit 2002 ist die Mailing Liste in
Besitz von Symantec.

IBM X-Force

Sicherheitsexperten von IBM stellen mit X-Force [18] einen umfangreichen
Bedrohungsmonitor zur Verfügung. IBM gibt an, dass zahlreiche externe Quel-
len (öffentlich zugänglich und kommerziell) als Basis für die Analyse herangezogen werden sowie eigene Forschungen an Produkten bzw. Technologien und das
Überwachen von Internetaktivitäten. Die Daten können als RSS Feed kostenlos
oder kostenpflichtig (Premium) bezogen werden.

National Vulnerability Database (NVD)

Das US National Institute of Standards and Technology (NIST) bietet mit NVD
[7] eine Datenquelle für IT-Sicherheitsvorfälle in standardisierter Form. NVD
Datensätze enthalten auch eine Bewertung der Schwere einer Schwachstelle und
ihrer Auswirkung. Dazu wird das Common Vulnerability Scoring System (CVSS)
verwendet. Um eine Schwachstelle klassifizieren zu können, kommt der Common
Weakness Enumeration (CWE) [47] Standard zum Einsatz, der Schwächen in
Softwaresicherheit beschreibt.

European Union Agency for Network and Information Security (ENISA)

Die ENISA [19, 27] sammelt und analysiert Daten zu IT-Sicherheitsvorfällen und
unterstützt einzelstaatliche Behörden und EU-Institutionen.

IT-Sicherheitsportal [20]

Dieses österreichische Angebot fungiert als zentrales Internetportal für Themen
rund um die Sicherheit der IKT. Es gibt Kategorien, die an verschiedene Benutzergruppen gerichtet sind (Selbstständige, Eltern, Kinder, Generation 60+, Mitarbeiter etc.) um passende Inhalte anzubieten. Aktuell hat es über tausend Seiten.

Branchenspezifische IT-Sicherheitsanforderungen

Es bestehen zahlreiche Vorlagen, die z. B. für Ausschreibungen von Industriekomponenten herangezogen werden können. Diese existieren sowohl branchenspezifisch (z. B. in Form des Bundesverband der Energie- und Wasserwirtschaft (BDEW)-Whitepapers [21]), als auch branchenübergreifend (z. B. International Instrument Users Association [WIB] Process Control Domain Security Requirements for Vendors [22], Department of Energy [DOE] Procurement Language [23]). In diesem Zusammenhang sind nochmals die Angebote von BSI und OWASP zu nennen.

Common Criteria (CC)

Über die Common Criteria Plattform [24] und BSI Plattform [68] können alle Anforderungen und Prozesse der Produktzertifizierung sowie die Bezeichnung zertifizierter Produkte abgerufen werden.

4.7 Vorgehensmodelle zur Softwarebeschaffung

Für Beschaffung von Software mit Berücksichtigung der IT-Sicherheit gelten alle oben angegebenen Maßnahmen. Es gibt unterschiedliche Vorgehensmodelle zur Beschaffung von Software [4], wie z. B.:

- BE2 Beschaffung und Unterhalt von Anwendungssoftware nach den COBIT® Referenzprozessen
- CMMI.ACQ (Capability Maturity Model Integration.Acquisition) nach dem Reifegradmodell CMMI
- ISO/IEC 12207, ein Standard für Software-Lifecycle-Prozesse

Die Qualität der Software kann eine Aussage über die IT-Sicherheit darstellen. Der Standard ISO/IEC 25000 (ersetzt ISO/IEC 9126) stellt eines von mehreren Modellen zur Sicherstellung von Softwarequalität dar. Er enthält die Qualitätsmerkmale Effizienz, Übertragbarkeit, Zuverlässigkeit, Funktionalität, Benutzbarkeit und Änderbarkeit. Nur im Merkmal Funktionalität finden sich einige IT-Sicherheitsmaßnahmen wie die Fähigkeit, unberechtigten Zugriff, sowohl versehentlich als auch vorsätzlich, auf Programme und Daten zu verhindern. Des Weiteren kann man abgeschwächt auch die Konformität, Ordnungsmäßigkeit, Richtigkeit und Fehlertoleranz zu IT-Sicherheitsmerkmalen zählen. Insgesamt behandelt der Standard ISO/IEC 25000 daher nur Teilbereiche der IT-Sicherheit.

4.8   IT-Sicherheitsgütezeichen

Gütezeichen, Gütesiegel oder Labels sind Kennzeichnungen von Produkten, die die Einhaltung einer bestimmten Qualität sowie bestimmter Sicherheitsanforderungen oder Umwelteigenschaften garantieren. Da grundsätzlich jede Person ein Gütesiegel kreieren darf, ist große Vorsicht geboten, denn nicht alle Gütezeichen garantieren, was sie versprechen. Diese Garantie bieten geschützte Gütezeichen, die allgemein bekannt und anerkannt sind. Zur Sicherstellung der Kriterienerfüllung garantieren staatlich anerkannte Gütezeichen regelmäßige Kontrollen.

Es existieren viele Gütesiegel/Gütezeichen in der IKT mit Relevanz zur Beschaffung. In letzter Zeit sind vor allem Gütesiegel für die nachhaltige Beschaffung in der IKT entstanden, wie z. B. Green-IT.

Clean-IT[1] zielt darauf ab ein international übergreifendes und akzeptiertes Verständnis von Cyberbedrohungen herzustellen und gleichzeitig auch ein Bewusstsein für den ambivalenten Charakter von IT-Sicherheitsmaßnahmen – vor allem im Spannungsfeld mit grundrechtlichen Freiheiten – herzustellen.

Das Gütesiegel „IT Security Made in Germany" stellt ein gutes Beispiel für die Berücksichtigung von IT-Sicherheit dar (Abb. 4.2). „IT Security made in Germany" (ITSMIG) wurde 2005 auf Initiative des deutschen Bundesministeriums des Innern (BMI), des Bundesministeriums für Wirtschaft und Energie (BMWi) sowie Vertretern der deutschen IT-Sicherheitswirtschaft etabliert. Seit 2011 werden die ITSMIG-Aktivitäten unter dem Dach von TeleTrusT als TeleTrusT-Arbeitsgruppe „ITSMIG" geführt.

Ein IT-Sicherheitsunternehmen muss insgesamt fünf Kriterien für das Gütesiegel erfüllen. Unter anderem werden ein Unternehmenssitz in Deutschland, keine Hintertüren in Produkten und Services sowie die Einhaltung des deutschen Datenschutzgesetzes gefordert. Wie in Deutschland sollte es auch in Österreich ein Gütesiegel „IT Security Made in Austria" bzw. in der Schweiz „IT Security Made in Switzerland" geben und der Begriff „Secure IT" soll ein wichtiger Begriff jedes Beschaffungsvorgangs von Hard- und Software werden.

In Frankreich gibt es ein „France Cybersecurity label" der ANSSI (*Agence nationale de la sécurité des systèmes d'information*), der französischen nationalen IT-Sicherheitsagentur, die französische Hardware- und Software-Produkte einbindet.

Bei öffentlichen Stellen ist oftmals ein Datenschutz-Gütesiegel ein Vergabekriterium bei der Beschaffung von Produkten. Zertifizierte Produkte müssen gegenüber

---

[1]Siehe http://www.cleanitproject.eu/.

Abb. 4.2 Gütesiegel IT
Security Made in Germany

anderen vorrangig berücksichtigt werden. Im Datenschutzbereich existieren z. B. EuroPriSe (European Privacy Seal) und das Datenschutzgütesiegel ULD (Unabhängiges Landeszentrum für Datenschutz Schleswig-Holstein).

In den Bereich Gütezeichen fallen auch alle anerkannten Produktzertifizierungen und hier vor allem Common Criteria ([24, 25, 68] und Abschn. 4.3). Die Herausforderungen von Common Criteria Zertifizierungen sind aber, dass sie für den Hersteller sehr teuer sind und jede Änderung – d. h. auch jede geringste Produktverbesserung und Fehlerbehebung – eine Neuzertifizierung und damit hohe Kosten verursacht. Common Criteria Zertifizierungen sind daher vor allem bei IT-sicherheitskritischer Hardware mit hohen Stückzahlen üblich, wie z. B. Chipkarten/Hardware-Token und Standardhardware-Komponenten wie Prozessor-Chips.

4.9 Berücksichtigung von branchenspezifischen Vorgaben

Für einige Branchen existieren spezielle lokale oder globale Standards, Richtlinien, Gesetze, Initiativen etc., die auch das Thema IT-sichere Beschaffung mehr oder minder betreffen. Die große Herausforderung dabei ist, dass in diesen Papieren, die sich auch umfangreich mit dem Thema IT-Sicherheit beschäftigen, fast durchgängig die IT-sichere Beschaffung selbst nicht dediziert ausgewiesen ist und daher selbst erarbeitet werden muss. Eine Alternative sind hier o. g. Plattformen [2]. Voraussetzung dazu ist aber, dass diese branchenüblichen Vorgaben aufseiten des Beschaffers alle bekannt sind.

Von den Herstellern, die in einer Branche schon seit vielen Jahren erfolgreich tätig sind, kann man dies erwarten und sie halten sich üblicherweise auch an diese Vorgaben. Nur Anbieter, die Produkte von Branchenneulingen bzw. Herstellern aus anderen Branchen anbieten, stellen hier ein größeres Risiko dar. Daher sind in diesem Umfeld relevante Referenzen besonders hilfreich. Trotzdem sollen auch die Beschaffer diese spezifischen Vorgaben, soweit bekannt, in jedem relevanten Beschaffungsvorgang berücksichtigen.

Ein erster Schritt kann dabei sein, dass die Infrastruktur in die klassische IKT-Infrastruktur und die spezielle branchenspezifische Infrastruktur unterteilt wird. Dies kann z. B. im Industriebereich zur Folge haben, dass die Infrastruktur in IKT und ICS (Industrial Control System, Industrial IT) unterteilt wird und damit folgend auch die Schutzbedarfsfeststellung, IT-Sicherheitsanforderungen etc. [32]. Die Tätigkeiten im ICS haben wiederum nach den Standards ISO/IEC 9001 und 27001 sowie IEC 62443, der sich im Kap. A.14 sehr kurz mit „Anschaffung, Entwicklung und Instandhalten von Systemen" beschäftigt, zu erfolgen. In einigen Branchen existieren nur lokale Initiativen, die einen Standard bzw. eine Richtlinie ausgearbeitet haben, wo auch die IT-sichere Beschaffung in irgendeiner Form berücksichtigt wurde. So hat z. B. die Initiative Luftverkehr für Deutschland (ILfD) einen Standard für Informationssicherheit im Luftverkehr analog zu ISO/IEC 2700× ausgearbeitet, der im Kap. 12 „Beschaffung, Entwicklung und Wartung von Informationssystemen" das Thema IT-Sicherheit kurz behandelt [69].

Da alle diese Standards, Richtlinien etc. der verschiedenen Branchen zum Teil sehr vielfältig sind und die Beschaffer ihre Branche und damit auch diese Vorgaben meist gut kennen, wird dieses Thema in diesem Buch nicht weiter behandelt.

Grundsätzlich kann dazu aber festgestellt werden, dass trotz der Vielfalt und des großen Umfanges dieser branchenspezifischen Ausarbeitungen und Vorgaben, auch in Hinblick auf die IT-Sicherheit, die Beschaffung von Hard- und Software unter Berücksichtigung der IT-Sicherheit nicht oder nur sehr kurz behandelt wird. Daher weisen auch in diesem Umfeld für eine IT-sichere Beschaffung die oben angegebenen Maßnahmen (siehe Abschn. 4.1 bis 4.8) eine große Bedeutung auf und es soll bei jedem Beschaffungsvorgang auf sie nicht verzichtet werden.

4.10   Kleinteilige Hardware und Software

Bei der Beschaffung kleinteiliger Software und/oder Hardware erfüllen oftmals die einzelnen Komponenten die Anforderungen der IT-Sicherheit nicht oder nur sehr eingeschränkt, weil sie nur einen eingeschränkten bzw. kleinen Funktionsbereich abdecken. Auf die einzelnen Komponenten bezogen stellt dies noch kein IT-Sicherheitsproblem dar. Mehrere kleinteilige Soft- und Hardware zusammen ergeben aber eine große „gemeinsame" Software und Hardware, die dann oftmals wichtige IT-Sicherheitsanforderungen nicht erfüllt. Daher soll bei der Beschaffung von kleinteiliger Software und/oder Hardware von Anfang an das Ganze, die endgültige Software und Hardware, mitberücksichtigt werden.

4.11 Herstellerseitige Maßnahmen

Wie oben dargestellt, sind neben den Maßnahmen auf Seite der Beschaffer auch Vertrauensbildung und Transparenz seitens der Hersteller und die IT-Sicherheitsanforderungen, die der Hersteller für seine Produkte festgelegt hat, für die Beschaffer (Kunden) sehr wichtig. Die Vertrauensbildung und Transparenz stellt wegen IT-sicherheitsrelevanter Bedenken einen immer größer werdenden Faktor in der Beschaffungsentscheidung dar. Die nachfolgenden Abschnitte (Abschn. 4.11.1 bis Abschn. 4.11.13) sind Möglichkeiten, wie Hersteller die IT-Sicherheit und Vertrauenswürdigkeit ihrer Produkte in den Fokus stellen können und stehen im engen Bezug zu den Abschn. 4.3 bis 4.9.

Dieses Kapitel ist speziell für Produktionsunternehmen wichtig, weil sie bei ihren produzierten Produkten nicht nur als Beschaffer, sondern auch als Hersteller (Produzent) auftreten. Ein Hersteller (Produzent) ist Beschaffer der erforderlichen Komponenten (die er selbst nicht produziert) für die eigene Produktion, und ist damit Kunde seiner Zulieferer und ist gleichzeitig aber auch Hersteller für seine Kunden. Er steht auf beiden Seiten und hat dadurch die oben angegebenen Maßnahmen als Beschaffer und die nachfolgenden als Hersteller zu berücksichtigen. Dabei ist zu bedenken, dass sich alle oben angegebenen Maßnahmen, Vorgaben etc. von den Anbietern (Zulieferern) der in der Produktion zu verarbeitenden Komponenten auf die Kunden des produzierten Endprodukts übertragen können, zumindest aber einen großen Einfluss haben können.

4.11.1 Unternehmenszertifizierungen

Zertifizierungen auf Unternehmensebene stellen diverse Indikatoren für ein Unternehmen dar, da die Einhaltung bestimmter Anforderungen nachgewiesen wurde. Als Beispiele sind besonders Zertifizierungen im Bereich Qualitätsmanagement (ISO/IEC 9001) und ISMS (ISO/IEC 27001 [9]) zu nennen. Bei Unternehmenszertifizierungen ist aus Unternehmersicht jedoch zu berücksichtigen, welchen Stellenwert und Ansehen diese (bei potenziellen Kunden) genießen.

4.11.2 Sicherer Entwicklungsprozess – Secure by Design Ansatz

Wird das Thema IT-Sicherheit bereits von Anfang an in den Entwicklungsprozess des Produkts verankert und gewissenhaft umgesetzt, können Kunden davon ausgehen, dass das Produkt ein Mindestniveau an IT-Sicherheit aufweist.

Der Secure by Design Ansatz [51] ist speziell in der Software Entwicklung bekannt und wird auch vom deutschen Manifest für IT-Sicherheit [72] gemeinsam mit einem Privacy by Design Ansatz gefordert. Die neue EU DSGVO [54] fordert einen Data Protection by Design Ansatz.

Secure by Design zielt darauf ab, dass ein Programm von Grund auf IT-sicher entwickelt wird und der IT-Sicherheitsgedanke in allen Schritten des Entwicklungsprozesses eine grundlegende Rolle einnimmt. Das dabei verwendete Design muss grundsätzlich nicht geheim gehalten werden. Wurde der IT-Sicherheitsansatz konsequent durchgesetzt, kann aufgrund der IT-sicheren Implementierung die Designinformation problemlos an Kunden im Rahmen der Sicherheitsdokumentation preisgegeben werden.

4.11.3 Berücksichtigung von anerkannten Standards, Richtlinien und Gesetze

Soweit es möglich ist, sollen bei der Spezifizierung und Entwicklung des Produkts alle erforderlichen allgemeinen und branchenüblichen IT-Sicherheitsstandards, Gesetze, Verordnungen, Richtlinien und IT-Sicherheitsanforderungen berücksichtigt werden.

Zum Beispiel ist die Verwendung des Verschlüsselungsalgorithmus AES (Advanced Encryption Standard) einer eigenen Verschlüsselungstechnik vorzuziehen, da der Standard weitverbreitet verwendet wird und von vielen unabhängigen Experten überprüft wurde. Des Weiteren ist darauf zu achten, dass bei der Implementierung und der Systemkonfiguration Fehler vermieden werden, weil dies ein häufiger Grund für IT-Sicherheitslücken darstellt. Generell ist der Verweis auf die Nutzung von anerkannten Standards, Richtlinien und Best Practice Methoden eine gute Basis, um Vertrauen zu schaffen und Kunden von der Beachtung des IT-Sicherheitsgedankens zu überzeugen.

Ein für die IT Sicherheit zunehmend wichtiges Gesetz stellt das Datenschutzgesetz dar, vor allem durch die ab 25.05.2018 in der gesamten EU gültige Datenschutzgrundverordnung (EU-DSGVO) [54].

In einigen Branchen wie z. B. Energie, Industrie, Banken, Transport und Verkehr, Luftfahrt, Schifffahrt, Schienenverkehr, Versicherungswesen, Staat und Verwaltung und dem Gesundheitswesen haben lokale bzw. globale Standards, Richtlinien und Gesetze für die IT-sichere Beschaffung eine große Bedeutung (vgl. Abschn. 4.9), auch wenn sie in diesen Vorgaben meist nicht dediziert für die Beschaffung ausgewiesen sind.

4.11.4 Sicherheitsbezogener Support und Kommunikation

Im Bereich Support kann neben dem technischen Support zum Produkt ebenso eine Anlaufstelle für IT-sicherheitsbezogene Fragen und Hilfestellungen (oder auch Meldungen zu Schwachstellen etc.) bereitgestellt werden. Unternehmensintern ist festzulegen, welche Ansprechperson zuständig ist und ob bzw. wie diese kontaktiert werden kann.

4.11.5 Sicherheitsdokument und produktbezogene Sicherheitsmaßnahmen

Als Qualitätskennzeichen einer Technologie kann ein mitgeliefertes IT-Sicherheitsdokument dienen, welches exakt auf das erworbene Produkt abgestimmt ist und die produktbezogene IT-Sicherheitsmaßnahmen beschreibt. Neben einer vollständigen Beschreibung sicherheitsrelevanter Funktionen kann es auch Hinweise und Empfehlungen zum korrekten und sicheren Gebrauch beinhalten.

4.11.6 Produktzertifizierungen und Produkttests

Siehe oben Abschn. 4.3 Produktzertifizierung und Nachweis eines IT-Sicherheitstests.

4.11.7 Bug Bounty Programme

Viele Firmen, wie z. B. Microsoft [52] oder Facebook [53], bieten sogenannte Bug Bounty Programme an. Mit diesen Programmen werden Personen aufgefordert, IT-sicherheitsrelevante Schwachstellen zu ermitteln sowie bei einem Fund diese dem Unternehmen zu melden. Als Belohnung erhält der Finder je nach Kritikalität eine entsprechend hohe Aufwandsentschädigung. Dies ist eine effektive Methode, um Produkte laufend zu testen und diese als sicher und vertrauenswürdig anbieten zu können.

4.11.8 Open Source (FOSS, FLOSS)

Indem Hersteller auf Free Software [70] bzw. Open Source [71] Entwicklungen setzen (siehe Abschn. 3.5), ermöglichen sie ihren Kunden einen Einblick in den Quelltext und oft auch in die Versionsverwaltung. Aufgrund dessen können Kunden selbstständig die Softwarequalität z. B. mittels statischer Code-Analyse [55] oder Quellcode-Analyse-Tools [56] auf Fehler, ungewollte Mechanismen, Schwachstellen oder bewusst manipulierte Bereiche (z. B. für Spionagezwecke) analysieren oder durch unabhängige Experten analysieren lassen.

4.11.9 Transparenzberichte

Insbesondere in den USA erlangen Transparenzberichte [57] eine wachsende Bedeutung. Sie geben einen statistischen Aufschluss über diverse staatliche Anfragen (benutzerbezogene Daten, Löschungsersuchen etc.), die innerhalb einer bestimmten Periode an ein Unternehmen gestellt wurden. Immer mehr Unternehmen wie z. B. Google, Microsoft oder Apple [58] erstellen diese Berichte, um ihre Vertrauenswürdigkeit gegenüber den Kunden zu stärken.

4.11.10 Code Signing

Mittels Code Signing [59] können Hersteller ihre Softwareprodukte digital signieren, um eine nachträgliche, nicht beabsichtigte Veränderung zu erkennen. Obwohl Kunden hierdurch nicht von (bewusst) implementierten Fehlern der Hersteller bzw. Schwachstellen geschützt sind, stellt dies trotzdem eine zusätzliche Sicherheitsschicht dar, da die Urheberschaft eindeutig nachvollziehbar wird. Dies ist neben der Vertrauensfrage vor allem für Haftungsansprüche wichtig.

4.11.11 Fortbildung und Zertifizierungen von Mitarbeiter

Es ist im Interesse der Unternehmen, eigene Mitarbeiter regelmäßig in Bezug auf IT-Sicherheit zu schulen. Der Sinn hinter Personenzertifizierungen ist die Steigerung des Vertrauens in die Qualität der vom Unternehmen produzierten Produkte. Tätigkeiten im Bereich der Fortbildung und Zertifizierungen können klar an Kunden kommuniziert werden, um diese vom IT-Sicherheitsbewusstsein des Unternehmens zu überzeugen.

4.11.12 Sichere Auslieferungskonfiguration

Produkte sollen so eingestellt/konfiguriert sein, dass wichtige IT-Sicherheitsfunktionen standardmäßig aktiviert sind (z. B. keine Default Passwörter, keine unsicheren Protokolle, standardmäßig nur essenzielle Services aktiv, keine Anzeige von Diagnose- bzw. Detail-Informationen an externen Schnittstellen etc.). Dadurch wird eine Basis geschaffen, die einen grundlegenden Schutz bietet. Je nach Anwendungsfall sollen (etwa in einer IT-Sicherheitsdokumentation) Hinweise und Empfehlungen zu weiteren IT-Sicherheitsmaßnahmen gegeben werden.

4.11.13 Branchenspezifische Vorgaben

Für einige Branchen existieren spezielle lokale oder globale Standards, Richtlinien, Gesetze, Initiativen etc., die auch das Thema IT-sichere Beschaffung mehr oder minder betreffen. Diese branchenspezifischen Vorgaben sollen die Hersteller kennen und in ihren Produkten, soweit sie beschaffungsrelevant sind, umsetzen (vgl. Abschn. 4.9).

Beschaffung von Hard- und Software mithilfe einer Beschaffungsplattform

5

5.1 Die Beschaffungsplattform

Im Rahmen eines großen staatlich geförderten Projektes[1] entstand eine herstellerunabhängige Beschaffungsplattform für den IT-sicheren Einkauf von Software und Hardware. Sie ermöglicht den unterschiedlichsten Benutzergruppen einen kostenfreien, schnellen und umfangreichen Zugriff auf ihre jeweils benötigten Informationen (Abb. 5.1).

Die Beschaffungsplattform [2] www.it-sicher.kaufen stellt den Zugang zu vier Datenbeständen bereit:

- IT-Sicherheitsanforderungstexte für Hardware- und Software-Komponenten für die IT-sichere Beschaffung: Text-Bausteine (Templates) in Kurz- und Langform, die Beschaffer und Hersteller beim Formulieren von IT-Sicherheitsanforderungen für Ausschreibungen, Lastenheften, Pflichtenheften und in Form von Checklisten für den Einkauf unterstützen. Zusätzlich unterstützen umfangreiche Erklärungen und Kommentare die Kurztexte
- Produkte: Eine Liste mit IT-Sicherheitsprodukten, die nach Produktgruppen eingeteilt ist. Hauptaugenmerk liegt auf der Herkunft der Sicherheitsprodukte
- Verweise: Verweise auf beschaffungsrelevante Informationssysteme für IT-Sicherheit
- Schutzbedarfsklassifikation (Schutzbedarfsfeststellung)

---

[1]Projekt ITsec.at des österreichischen Sicherheitsforschungsförderungsprogrammes KIRAS, finanziert durch das Bundesministerium für Verkehr, Innovation und Technologie.

© Springer Fachmedien Wiesbaden GmbH 2017
E. Piller, *Beschaffung unter Berücksichtigung der IT-Sicherheit,*
essentials, DOI 10.1007/978-3-658-18599-2_5

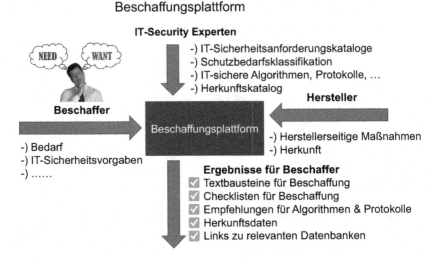

Abb. 5.1 Schnittstellen nach außen

- Suche: Es können alle Datenbanken nach frei wählbaren Begriffen durchsucht werden. Dabei sind auch anerkannte Datenbanken von BSI, verschiedener CERTs etc. eingebunden

5.2   Beschaffungstexte: IT-Sicherheitsanforderungstexte

Der Bereich „Beschaffungstexte" ist in die Kategorien Standardsoftware, in Auftrag gegebene Software (Individualsoftware), Hardware mit embedded Software und Open Source unterteilt und enthält zusätzlich umfangreiche Empfehlungen über kryptografische Algorithmen, Schlüssellängen und Passwörter (Abb. 5.2). Für jede dieser Kategorien gibt es für die IT-Sicherheitsanforderungen eine Überblicksversion (ca. 3 Seiten) sowie eine Langversion. Auf der Plattform können Beschaffer auswählen, welche Parameter für ihre Produkte wichtig sind. Zum Beispiel sind diese bei Standardsoftware Aspekte der Benutzerauthentifizierung und Zugriffskontrolle, Fehlerbehandlung und Protokollierung, Konfiguration, Datenschutz, Spionage oder Sabotage, Vertraulichkeit und Dokumentation; bei

Abb. 5.2 Beispielsseite der Web-Plattform

Hardware mit embedded Software sind sie Anforderungen an Zulieferer und Bauteile, Updates und Informationspflicht, Entwicklung und Dokumentation, Produkthärtung und Malware- und Manipulationsfreiheit bei Auslieferung. Nach der Auswahl werden Checklisten bzw. Templates ausgegeben (am Bildschirm bzw. als Word- oder pdf-Datei), die beim Kontakt mit Anbieter oder für Ausschreibungen oder Lastenhefte verwendet werden können. Zu jedem Punkt gibt es auch einen umfangreichen erklärenden Text mit weiteren Informationen.

Abschließende Bemerkungen

6

Alle oben angeführten Punkte können als Maßnahmen für eine Beschaffung von Hard- und Software mit Berücksichtigung der IT-Sicherheit dienen. Beschaffer müssen aber dabei den Herstellern bzw. Anbietern immer einen gewissen Vertrauensvorschuss entgegenbringen. Manipulationen und Fehler können nie komplett ausgeschlossen werden, genauso wie IT-Sicherheit ebenfalls nie zu hundert Prozent garantiert werden kann. Wenn jedoch im Rahmen der IT-sicheren Beschaffung Hersteller und Produkte mit Bedacht und unter Berücksichtigung der oben angegeben Kriterien ausgewählt werden, kann das Risiko, welches mit dem Einsatz von jeglicher Software und Hardware (mit integrierter Software) verbunden ist, bedeutend reduziert werden.

Berücksichtigt man alle oben aufgezählten Maßnahmen, kristallisieren sich die zentralen Aufgaben und Herausforderungen heraus. Beschaffer sollen explizit alle für sie erforderlichen IT-Sicherheitsanforderungen fordern und die Auswahlentscheidung ganz wesentlich von der Erfüllung dieser IT-Sicherheitsanforderungen abhängig machen. Auch beim Privatkauf und bei KMUs sollen diese IT-Sicherheitsanforderungen zum Einsatz kommen. Die Anforderungen sollen branchenweiten Standards und Richtlinien entsprechen und regelmäßig aktualisiert werden. Ebenso sollen Beschaffer einen rechtlichen Anspruch (durch Beweislegung) gegenüber dem Anbieter haben, wenn IT-Sicherheitsanforderungen in der Ausschreibung, dem Angebot oder Lastenheft definiert wurden, aber dann später nicht eingehalten werden.

Beschaffer sollen ihre Entscheidungen auch aufgrund des Vertrauens in den Hersteller bzw. Anbieter treffen und dabei kann auch die Herkunft des Herstellers wichtig sein. Des Weiteren ist auch eine Recherche bezüglich IT-Sicherheitslücken und IT-Sicherheitsvorfällen wichtig. Ebenso können anerkannte Zertifizierungen, Gütesiegel, IT-sicherheitsrelevante Referenzen und Erfahrungsberichte von anderen Kunden hilfreich sein.

© Springer Fachmedien Wiesbaden GmbH 2017
E. Piller, *Beschaffung unter Berücksichtigung der IT-Sicherheit,*
essentials, DOI 10.1007/978-3-658-18599-2_6

Eine Beschaffungsplattform, die Beschaffer in diesen Bereichen gut unterstützen kann, ist www.it-sicher.kaufen (siehe Kap. 5).

Eine zentrale Herausforderung bleibt aber oftmals bestehen. Zwischen den vom Beschaffer geforderten Maßnahmen und IT-Sicherheitsanforderungen und dem ausgewählten Produkt und Anbieter besteht üblicherweise ein Delta von Nichtübereinstimmungen. Je nach Angebotslage, Auswahlverfahren, Flexibilität der Anbieter, Größe des Beschaffungsvorganges bzw. des beschaffenden Unternehmens wird vor der Auswahl des Produktes und Anbieters durch den Beschaffer dieses Delta größer oder kleiner sein. Nachdem der Beschaffer, von reinen IT-Sicherheitsprodukten abgesehen, meist auch viele andere Anforderungen berücksichtigen muss – die Funktionalität der Produkte ist meist wichtiger als die IT-Sicherheit – und auch der Preis eine Rolle spielt, muss er mit dem vorliegenden IT-Sicherheitsdelta in irgendeiner Form umgehen, d. h. einen Kompromiss eingehen. Dabei soll er darauf achten, dass zumindest die wichtigsten IT-Sicherheitsanforderungen und sonstigen Maßnahmen (siehe oben) unbedingt erfüllt werden. Außerdem soll festgestellt werden, ob und inwieweit fehlende IT-Sicherheitsanforderungen und weitere Maßnahmen (siehe oben) durch andere, schon vorhandene Produkte, insbesondere IT-Sicherheitsprodukte, übernommen werden können, was zumindest eingeschränkt oftmals möglich ist. Bei einer sehr geringen Angebotslage, kleinen Beschaffungsvorgängen bzw. Unternehmen und gewissen Produktgruppen kann dieses IT-Sicherheitsdelta relativ groß und der Spielraum für den Beschaffer sehr eingeschränkt sein. Da aber zunehmend auch die Hersteller den Bedarf nach höherer IT-Sicherheit und den Wettbewerbsvorteil „IT-Sicherheit" erkennen, kann angenommen werden, dass sich in Zukunft diese IT-Sicherheitsdeltas bei der Beschaffung schrittweise reduzieren.

Sowie in der Vergangenheit aus den Forderungen der Kunden nach Bio-Produkten die biologische Landwirtschaft stark gewachsen ist, sollen heute und in Zukunft die Beschaffer von Hard- und Software (von der Privatperson bis zu Großunternehmen und staatlichen Organisationen) die erforderliche IT-Sicherheit, das heißt Secure-IT, fordern. Dann werden die Hersteller rasch darauf reagieren und das Thema IT-Sicherheit ernster nehmen, als es zum Teil heute noch der Fall ist. Außerdem bietet das Thema IT-Sicherheit grundsätzlich eine große Chance für lokale Hersteller.

Literatur

1. Österreicher, G., Pötzelsberger, G., & Piller, E. (2016). Moderne Beschaffung mit Berücksichtigung von IT-Security. *DACH Security Konferenz Klagenfurt, 2016,* 214–223.
2. www.it-sicher.kaufen. (2016). *Beschaffungsplattform zur IT-sicheren Beschaffung von Hardware und Software,* KIRAS Projekt ITsec.at.
3. Boutellier, R., Wagner, S., & Wehrli, H. -P. (Hrsg.). (2003). *Handbuch Beschaffung: Strategien – Methoden – Umsetzung.* München: Hanser. Inhaltsverzeichnis: www.beck-shop.de/fachbuch/inhaltsverzeichnis/9783446218215_TOC_001.pdf.
4. https://de.wikipedia.org/wiki/Softwarebeschaffung.
5. Biermann, K., & Beuth, P. (2014). *Geheimdienste machen die Welt unsicherer.* http://www.zeit.de/digital/datenschutz/2014-01/geheimdienste-machen-die-welt-unsicherer. Zugegriffen: 19. Juli 2016.
6. Coursey, D. (2010). *Is Chinese PC hardware safe and secure?* http://www.pcworld.com/article/188632/Is_Chinese_PC_Hardware_Safe_and_Secure.html. Zugegriffen: 19. Juli 2016.
7. NIST. (o. J.). *National vulnerability database.* https://nvd.nist.gov/. Zugegriffen: 19. Juli 2016.
8. Schweizerische Eidgenossenschaft. (2014). *Bundesrat beschliesst Massnahmen zum Schutz der IKT-Infrastrukturen des Bundes.* https://www.news.admin.ch/message/index.html?lang=de&msg-id=51911. Zugegriffen: 19. Juli 2016.
9. ISO/IEC 27002: 2005. *Information technology – Security techniques – Code of practice for information security management.*
10. https://de.wikipedia.org/wiki/Software.
11. BSI. (2016). *IT-Grundschutz-Kataloge.* https://www.bsi.bund.de/DE/Themen/ITGrundschutz/ITGrundschutzKataloge/itgrundschutzkataloge_node.html. Zugegriffen: 19. Juli 2016.
12. BSI. (2016). *Schwachstellen Ampel.* https://www.cert-bund.de/schwachstellenampel. Zugegriffen: 31. Juli 2016.
13. OWASP. (o. J.). *Offizielle Webseite.* https://www.owasp.org/index.php/Main_Page. Zugegriffen: 31. Juli 2016.
14. OWASP. (o. J.). *ASVS.* https://www.owasp.org/index.php/Category:OWASP_Application_Security_Verification_Standard_Project. Zugegriffen: 31. Juli 2016.

© Springer Fachmedien Wiesbaden GmbH 2017
E. Piller, *Beschaffung unter Berücksichtigung der IT-Sicherheit,*
essentials, DOI 10.1007/978-3-658-18599-2

15. OWASP. (o. J.). *Secure software contract annex.* https://www.owasp.org/index.php/Software_Security_. Contract_Annex Zugegriffen: 31. Juli 2016.
16. CERT Division of the Software Engineering Institute (SEI). (o. J.). *Offizielle CERT Webseite.* https://www.cert.org/. Zugegriffen: 31. Juli 2016.
17. SecurityFocus. (o. J.). *Bugtraq gehostet auf SecurityFocus.com.* http://www.securityfocus.com/archive/1. Zugegriffen: 31. Juli 2016.
18. IBM. (o. J.). *X-Force Webseite.* https://www-03.ibm.com/security/xforce/. Zugegriffen: 31. Juli 2016.
19. ENISA. (o. J.). *Offizielle Webseite.* https://www.enisa.europa.eu/. Zugegriffen: 31. Juli 2016.
20. Bundeskanzleramt. (o. J.). *Sicherheitsportal.* https://www.onlinesicherheit.gv.at/. Zugegriffen: 31. Juli 2016.
21. Bundesverband der Energie- und Wasserwirtschaft. (o. J.). *BDEW Whitepapers.* https://www.bdew.de/internet.nsf/id/it-sicherheitsempfehlunge. Zugegriffen: 19. Juli 2016.
22. International Instrument Users Association (WIB). (2010). *Process control domain security requirements for vendors.* http://www.wib.nl/pressreleasenov2010.html. Zugegriffen: 19. Juli 2016.
23. Department of Energy. (2014). *Procurement language.* https://scadahacker.com/library/Documents/White_Papers/Energy%20Collection%20-%20Energy%20Company%20Cybersecurity%20Reference.pdf. Zugegriffen: 19. Juli 2016.
24. Common Criteria. (o. J.). *Offizielle Webseite* www.commoncriteriaportal.org/ .Zugegriffen: 19. Juli 2016.
25. ISO/IEC 15408. (o. J.). *Information technology – Security techniques – Evaluation criteria for IT security.*
26. Centre for the Protection of National Infrastructure (CPNI). (2014). *Secure ICT Procurement in electronic communications.* Heraklion: European Union Agency for Network and Information Security (ENISA).
27. Centre for the Protection of National Infrastructure (CPNI). (2009). *Outsourcing: Security governance framework for IT Managed Service Provision.* www.cpni.gov.uk/documents/publications/2006/2006027-GPG_outsourcing_IT.pdf. Zugegriffen: 19. Juli 2016.
28. GAO. (2013) *Electronic communication networks: Addressing potential security risks of foreign-manufactured equipment.* www.gao.gov/assets/660/654763.pdf. Zugegriffen: 19. Juli 2016.
29. Ofcom. (2012). *Ofcom guidance on security requirements in the revised Communication Act 2003: Implementing the revised EU Framework.* Heraklion: European Union Agency for Network and Information Security (ENISA).
30. Reisinger, P., Schlatzer, M., & Haslinger, M. (2015). *Die Abhängigkeit Österreichs von „ausländischen" IT-Technologien, mögliche sicherheitstechnische Implikationen sowie Alternativen und kompensierende Maßnahmen.* E. Piller: FH St. Pölten, Forschungswerkstatt, Betreuer.
31. Fuß, D. (2016). *IT-sicher.kaufen – Beschaffungsunterstützung für sichere IKT-Komponenten. Diplomarbeit Master Studium „Information Security".* FH St. Pölten.
32. Dirnberger, H. (2015). *IT Sicherheit in der Produktion. Cyber Security Austria.* https://www.cybersecurityaustria.at/images/pdf/dirnberger2015_it-security_in_der_produktion.pdf. Zugegriffen: 15. Mai 2017.
33. Sawall, A. (2012). *Warum Apple das iPhone in China produziert.* http://www.golem.de/1201/89254.html. Zugegriffen: 19. Juli 2016.

34. Kummer, S., Grün, O., & Jammernegg, W. (2013). *Grundzüge der Beschaffung, Produktion und Logistik. Pearson Studium – Economic BWL.* Hallbergmoos: Pearson.
35. Klemmer, W. (2012). *Die Beschaffung von Software – Tipps und Hintergründe.* http://www.r-plus-s-consult.de/de/img/Softwarebeschaffung.pdf. Zugegriffen: 15.Mai.2017.
36. Teich, I., & Kolbenschlag, W. *Der richtige Weg zur Softwareauswahl: Lastenheft, Pflichtenheft, Compliance, Erfolgskontrolle.* Berlin: Springer.
37. Pellegrini, T. (2016). *GSK Teil des KIRAS Projekt* ITsec.at *Endberichtes.* FFG.
38. Europäische Kommission. (o. J.). *Safe Harbor Abkommen.* http://eur-lex.europa.eu/LexUriServ/LexUriServ.do?uri=OJ:L:2000:215:0007:0047:DE:PDF. Zugegriffen: 20. Juli 2016.
39. Software Testing Fundamentals. (o. J.). *Black box testing.* http://softwaretestingfundamentals.com/black-box-testing/. Zugegriffen: 19. Juli 2016.
40. Schneier, B. (2007). *Did NSA Put a secret backdoor in new encryption standard?* http://www.wired.com/2007/11/securitymatters-1115/. Zugegriffen: 19. Juli 2016.
41. Skorobogatov, S., & Woods, C. (2012). Breakthrough silicon scanning discovers backdoor in military chip. In E. Prouff & P. Schaumont (Hrsg.), *Cryptographic hardware and embedded systems – CHES 2012* (Bd. 7428). Berlin: Springer (CHES 2012 Lecture notes in computer science).
42. Der Spiegel. (1/2014). *Die Klempner aus San Antonio.* http://www.spiegel.de/spiegel/print/d-124188114.html. Zugegriffen: 19. Juli 2016.
43. Der Spiegel. (2013). *Otto-Katalog für Spione.* http://www.spiegel.de/spiegel/print/d-124188115.html. Zugegriffen: 19. Juli 2016.
44. Greenwald, G. (2015). *Die globale Überwachung.* München: Droemer Knaur.
45. Cert.at. (o. J.). *Cert RSS Feed.* https://www.cert.at/all.warnings.all.rss_2.0.xml. Zugegriffen: 19. Juli 2016.
46. The New York Times. (2013). *Secret documents reveal NSA campaign against encryption.* http://www.nytimes.com/interactive/2013/09/05/us/documents-reveal-nsa-campaign-against-encryption.html?_r=2. Zugegriffen: 19. Juli 2016.
47. CWE/SANS. (o. J.). *Top 25 most dangerous software errors.* https://cwe.mitre.org/top25/. Zugegriffen: 31. Juli 2016.
48. Wikipedia. (o. j.). *Wikipedia about the bullrun decryption program.* https://en.wikipedia.org/wiki/Bullrun_%28decryption_program%29. Zugegriffen: 19. Juli 2016.
49. SPS Magazin. (2014). *Security procurement.* http://www.sps-magazin.de/?inc=artikel/article_show&nr=85415. Zugegriffen: 19. Juli 2016.
50. Schneier, B. (2013). *The US government has betrayed the internet. We need to take it back.* https://www.theguardian.com/commentisfree/2013/sep/05/government-betrayed-internet-nsa-spying. Zugegriffen: 24. Aug. 2016.
51. Carnegie Mellon University. (2016). *SEI CERT coding standards.* https://www.securecoding.cert.org/confluence/display/seccode/SEI+CERT+Coding+Standards. Zugegriffen: 19. Juli 2016.
52. Microsoft. (2016). *Microsoft bounty programs.* https://technet.microsoft.com/de-de/security/dn425036. Zugegriffen: 19. Juli 2016.
53. Facebook. (2016). *Facebook bug bounty programm.* https://www.facebook.com/whitehat/bounty/. Zugegriffen: 19. Juli 2016.
54. EU Parlament und Rat. (o. J.). *EU Datenschutzgrundverordnung.* http://eur-lex.europa.eu/legal-content/DE/TXT/?uri=uriserv:OJ.L_.2016.119.01.0001.01.DEU&toc=OJ:L:2016:119:TOC. Zugegriffen: 19. Juli 2016.

55. Feder, F. (2012). *Statische codeanalyse.* http://www.verifysoft.com/de_Statische_Codeanalyse_Feder.pdf. Zugegriffen: 19. Juli 2016.
56. OWASP Foundation. (2014). *Source code analysis tools.* https://www.owasp.org/index.php/Source_Code_Analysis_Tools. Zugegriffen: 19. Juli. 2016.
57. Wiele, J. (2011). *Sie verraten alles, nur keine Geheimnisse.* http://www.faz.net/aktuell/feuilleton/medien/google-veroeffentlicht-transparenzbericht-sie-verraten-alles-nur-keine-geheimnisse-11505875.html. Zugegriffen: 28. Juli 2016.
58. Hill, K. (2013). *Thanks, snowden! now all the major tech companies reveal how often they give data to government.* http://www.forbes.com/sites/kashmirhill/2013/11/14/silicon-valley-data-handover-infographic/#136b5b9a6d06. Zugegriffen: 19. Juli 2016.
59. Apple. (o. J.). *About code signing.* https://developer.apple.com/library/mac/documentation/Security/Conceptual/CodeSigningGuide/Introduction/Introduction.html. Zugegriffen: 19. Juli 2016.
60. ENISA (European Union Agency for network and information security) (2014). Secure ICT procurement in electronic communications. https://www.enisa.europa.eu/publications/secure-ict-procurement-in-electronic-communications. Zugegriffen: 15. Mai 2017.
61. Neumann, C. (2012). *Geheimbericht zu Huawei-Produkten: Sicherheitslücken statt Spionage.* http://www.spiegel.de/netzwelt/netzpolitik/huawei-produkte-sollen-sicherheitsluecken-enthalten-a-862193.html. Zugegriffen: 19. Juli 2016.
62. Schüller, A. M. (o. J.). *Testimonials und Referenzen: Ein wertvoller Schatz.* http://www.empfehlungsmarketing.cc/rw_e13v/schueller3/usr_documents/Artikel_Empfehlungsmarketing_Referenzen.pdf. Zugegriffen: 19. Juli 2016.
63. Özkan, S. (o. J.). *CVE details.* https://www.cvedetails.com/ Zugegriffen: 19. Juli 2016.
64. Zettel, C. (2014) *Heartbleed: 600.000 Server immer noch ungeschützt.* futurezone.at/digital-life/heartbleed-600-000-server-immer-noch-ungeschuetzt/60.135.616. Zugegriffen: 19. Juli 2016.
65. http://www.wirtschaftslexikon24.com/d/beschaffung/beschaffung.htm.
66. Mikolic-Torreira, I. (2016). *A Framework for exploring cybersecurity policy options.* rand corporation. http://www.rand.org/content/dam/rand/pubs/research_reports/RR1700/RR1700/RAND_RR1700.pdf. Zugegriffen: 19. Juli 2016.
67. Kobes, P. (2016). *Leitfaden Industrial Security – IEC 62443 leicht erklärt.* Berlin: VDE.
68. BSI. (o. J.). *Common criteria.* https://www.bsi.bund.de/DE/Themen/ZertifizierungundAnerkennung/Produktzertifizierung/ZertifizierungnachCC/ITSicherheitskriterien/CommonCriteria/commoncriteria_node.html. Zugegriffen: 19. Juli 2016.
69. Initiative Luftverkehr für Deutschland. (o. J.). *Informationssicherheits-Standard der ILfD,* Arbeitsgruppe Informationssicherheit. https://www.bdl.aero/download/533/informationssicherheitsstandard-code-of-practice-in-practice.pdf. Zugegriffen: 19. Juli 2016.
70. Free Software Foundation. (2016). *The free software definition.* https://gnu.org/philosophy/free-sw.html. Zugegriffen: 19. Juli 2016.
71. Open Source Initiative. (2007). *The open source definition.* https://opensource.org/definition. Zugegriffen: 19. Juli 2016.
72. VOICE-Bundesverband der IT Anwender e. V. und TeleTrusT-Bundesverband IT-Sicherheit e. V. (2016). *Das Manifest zur IT-Sicherheit.* Berlin, 15. Dec. 2016. https://www.teletrust.de/it-sicherheitsstrategie/manifest-it-sicherheit/. Zugegriffen: 15. Mai 2017.
73. Wikipedia. (o. J.). *Open-source-hardware.* https://de.wikipedia.org/wiki/Open-Source-Hardware. Zugegriffen: 19. Juli 2016.

Printed in the United States
By Bookmasters